# 여행회화 가이드
## (캄보디아편)

최 진 희 · 싸오 세레이 보타나 지음

| 저 자 | 최진희 |
|---|---|

〈약 력〉
- 現(주)아시안허브 대표
- 現캄보디아언어문화연구소 소장
- 하와이대학 캄보디아어학과 이수
- 한국국제협력단(KOICA) 20기 (캄보디아 한국어교육)
- 캄보디아 씨엠립 빌브라이트대학 한국어 강의
- 농협중앙회 캄보디아어 통역담당
- 한국외국어대학교 다문화교육원 캄보디아어 통번역 강의
- 방송 영상번역 및 문서 번역 다수
- 기업체 해외파견 임직원 대상 강의 및 주요 행사 수행통역

〈저 서〉
- 〈쯤립쑤어 캄보디아 한-영-캄 담어상〉
- 〈쯤립쑤어 기초 캄보디아〉
- 〈안녕하세요 초급 한국어 캄보디아어판〉
- 활용 캄보디아어 회화

## 여행회화 가이드 (캄보디아편)

초판 인쇄 : 2014년 1월 20일
초판 발행 : 2014년 1월 30일

저　자 : 최진희 · 싸오 세레이 보타나
펴낸이 : 서 덕 일
펴낸곳 : 도서출판 문예림
등　록 : 1962. 7. 12 제2-110호

주소 : 서울특별시 광진구 군자동 1-13 문예하우스 101호
전화 : (02)499-1281~2
팩스 : (02)499-1283
http://www.BOOKMOON.co.kr
E-mail : book1281@hanmail.net

ISBN 978-89-7482-782-3(13790)

*잘못된 책이나 파본은 교환해 드립니다.

# 책머리에

 2004년 12월 28일, 난생 처음 캄보디아 프놈펜 땅을 밟은 날이다. 그리고 딱 10년이 된 2013년 12월에 이렇게 캄보디아 여행회화 가이드 마무리 작업을 하고 있다.

 2004년 처음 캄보디아를 가게 된 것은 외교통상부 산하기관인 KOICA(한국국제협력단) 단원으로
캄보디아 젊은이들에게 한국어를 가르치기 위해서였다. 당시 캄보디아 외국인 관광객 1위는 단연 한국인이었으나 막상 한국어가 가능한 캄보디아인 가이드는 없었다. 그래서 캄보디아 관광부로부터 한국어 가이드를 양성해달라는 요청이 왔고, 그 역할을 수행하기 위해 저자가 파견이 된 것이다.

 앙코르왓이 있는 씨엠립에 위치한 빌브라이트대학이 저자의 부임지였다. 교실에 처음 들어섰을 때 깜짝 놀랐다. 커다란 교실 가득 앉아있는 학생들이 초롱초롱한 눈망울로 나를 맞아줬다. 이제 갓 대학에 입학한 신입생부터 대학 졸업한지 한참은 지났을 것 같은 30대 중후반의 학생까지 연령층은 다양했다. 그러나 한국어 가이드가 되고자 하는 그들의 열정은 모두 하나 같았다.

 저자는 그들이 최대한 빨리 한국어 가이드가 될 수 있도록 한국어교육과 함께 한국을 이해할 수 있게 하는 다양한 현장실습의 기회를 줬다. 그 기회는 네이버에 만들어 놓은 "캄보디아 배낭여행기"라는 카페를 통해 이뤄졌다. 그 카페도 이제 곧 만

10년을 맞아 3만여 명의 회원들이 활동을 하고 있는 명실공히 국내 캄보디아를 대표하는 카페가 되었다.

현재 저자는 캄보디아를 중심으로 한 다문화가정을 위한 사회적기업가로 활동 중이며, 저자의 제자들은 캄보디아 내 최고의 한국어 가이드로 활동하고 있다. 이 책을 발행하고자 한 이유는 다문화 관련 일을 하면서 우리는 왜 우리 것의 소중함 만을 이야기하면서 상대방의 소중한 것들을 받아들이려 하지 않을까? 라는 생각을 많이 하게 되었다. 짧은 여행이지만, 그들의 문화를 조금이나마 배워가고, 그들의 언어를 연습해 가면 그들과 조금은 더 진한 소통을 할 수 있지 않을까? 하는 생각에 여행회화 가이드를 쓰게 되었다. 이 책을 처음 집필할 당시 현재 씨엠립에서 한국어 가이드로 맹활약 중인 보타나가 짧은 프로젝트를 위해 한국 경기도 안산에 들어와 있었다. 함께 동서울터미널 인근 찜질방에서 원고를 쓰고, 수정하던 기억이 난다.

이 책과 함께 많은 한국인 여행객들이 캄보디아에서 멋진 현지인 친구들을 사귈 수 있길 바란다.

2013. 12.

최 진 희

# Contents

- **머리말**    3

## Ⅰ 출발 전 준비

01 안전한 해외여행을 위한 사전 준비    14
02 여행스케줄 짜기    16
03 준비물 챙기기    18

## Ⅱ 기본표현

01 인사!!    30
02 소개하기    33
03 대답하기    35
04 감사 · 사과    37

# Contents

05 부탁(의뢰 · 요구)      39

06 허락      41

07 물어보기      43

## III 공항에서

01 출입국신고서 작성      46

02 세관검사      49

03 출입국 심사      53

04 환승      58

05 수하물 찾기      61

## IV 비행기안에서

01 기내(비행기 안) 안내멘트      66

| 02 좌석을 찾을 때 | 70 |
| 03 기내서비스 | 73 |
| 04 문제발생 및 궁금한 사항이 있을 때 | 76 |

## V. 공항에서 숙소로

| 01 환전 | 80 |
| 02 관광안내소 이용하기 | 82 |
| 03 숙소로 이동하기 | 84 |

## VI. 숙박

| 01 숙박시설 찾기 | 92 |
| 02 예약하기 | 94 |

# Contents

03 체크 인     96

04 서비스 이용     98

05 호텔 트러블     100

06 시설 이용 및 문의     102

07 체크 아웃     104

08 게스트 하우스 이용하기     106

09 모닝 콜     109

## VII 교통수단

01 길 묻기     116

02 택시 타기     119

03 버스 타기     123

04 렌터카 이용하기     125

음식 및 식사

01 예약하기　　　　　　　　　　　　　　133
02 식당에서　　　　　　　　　　　　　　136
03 술집에서　　　　　　　　　　　　　　143
04 패스트 푸드점에서　　　　　　　　　　145

 관광

01 앙코르 관광안내　　　　　　　　　　　154
02 앙코르 유적지　　　　　　　　　　　　156
03 관람하기(박물관, 민속촌, 압사라 공연 등)　162
04 문화체험　　　　　　　　　　　　　　165

# Contents

 쇼핑

| | | |
|---|---|---|
| 01 | 가게 찾기 | 174 |
| 02 | 백화점(쇼핑몰)에서 | 176 |
| 03 | 계산하기 | 181 |
| 04 | 포장과 배달하기 | 183 |
| 05 | 교환과 환불하기 | 186 |

 편의시설(우편과 통신 등)

| | | |
|---|---|---|
| 01 | 전화 걸기 | 190 |
| 02 | 인터넷 | 194 |
| 03 | 우체국 | 195 |

04 은행 197

 위급상황

01 위급상황 203
02 길을 잃었을 때 205
03 분실과 도난 206
04 교통사고 209
05 병이 났을 때 211

 귀국하기

01 예약 및 예약확인 215

# Contents

02 예약 변경 및 취소     217

03 탑승과 출국     218

# PART I

## 출발 전 준비

01 안전한 해외여행을 위한 사전 준비
02 여행스케줄 짜기
03 준비물 챙기기

# 01 안전한 해외여행을 위한 사전 준비

### 1. 사전에 충분한 정보 확보하기

여행을 할 때 해당 국가의 법률과 관습, 언어, 치안상태 등에 대한 기본 정보를 충분히 알고 있어야 합니다.

### 2. 해외여행자 보험에 가입하기

해외에서 병에 걸리거나 혹시 모를 사고나 사건에 연루되었을 경우에 대비해 보상을 받을 수 있도록 해외여행자보험에 가입해 두는 것이 좋습니다.

### 3. 영사 콜센터와 방문 예정 국가의 공관, 한인회 연락처 확인하기

해외에서 발생한 사건, 사고에 신속하게 대응하기 위해 영사콜센터 번호를 꼭 기억하고 만일의 사태에 대비하여 우리 공관, 한인회, KOTRA 등의 연락처를 확인하고 지참하도록 합니다.

- 대사관 주소
  - #50-52, St. No. 214, Phnom Penh, P.O box 2433, Kingdom of Cambodia
  - 위치 : 노로돔가 Pencil 마켓 거리, Bangkok Airways 건너편

- 대사관 전화, FAX 번호
  - 전화번호 : (855-23)211 900/3
  - 팩스번호 : (855-23)219 200
  - 긴급시 비상연락처
    ○ 사건.사고 담당영사 : (855-12) 216-112
    ○ 여권.민원 담당영사 : (855-12) 824-206
    ○ 시엠립 영사협력원 : (855-12) 306-256

- 대사관 관련 업무 E-Mail
  - 정무.경제.통상 관련 : polecocam@mofat.go.kr
  - 대사관 대표 메일 : cambodia@mofat.go.kr

## 4. 국내 가족이나 친구에게 해외 연락처를 남길 것

 출국 전에 가족이나 친구들에게 여행 일정, 체재지, 연락처 등을 남겨 만일의 사태가 발생했을 경우 가족이나 친구들이 당신의 소재와 안부를 확인할 수 있도록 합니다.

# 02 여행스케줄 짜기

- **2개월 전 – 여행계획 짜기**

  좀 더 알찬 여행을 계획한다면 역시 가고자 하는 곳에 대한 공부와 정보수집이 필수!
  ① 왜
  ② 어디로
  ③ 어떻게
  ④ 얼마의 예산으로
  ⑤ 누구와 함께 떠날지 결정하기!

- **1개월 전 – 여권, 비자 준비와 상품선택**
  ① 여권 신청
  ② 비자 신청
  ③ 자유여행일 경우 출발날짜와 항공편, 교통패스 예약, 구입하기, 호텔 예약하기
  ④ 패키지 여행일 경우 패키지 상품을 비교해 결정하고 신청요금내기

- **2주일 전-예방접종하고 예행준비물 체크하기**
  ① 국제신용카드, 해외여행자보험 등 신청하기
  ② 여름옷 준비(햇볕이 강한 지역이므로 민소매 옷 보다는 얇은 긴 소매 옷이 더 유용함)
  ③ 예방접종이 필요한 지역은 미리 예방접종하기

- **1주일 전-항공권, 호텔, 패키지 상품 예약 점검하기**

- **1일 전-여행 가방을 싸고 공항까지 교통편 점검하기**

- **출발당일-출발 2시간 전까지 공항 도착하기**
  ① 여권, 비자, 항공권, 호텔예약 바우처 등 최종 점검하기
  ② 출발 2시간 전에 도착할 수 있도록 국제공항으로 출발하기

# 03 준비물 챙기기

## 1. 여권

　여권(passport)은 정부가 발행하는 공식 신분증명서로 소지한 사람의 국적 등 신분에 관한 사항을 증명합니다. 여권의 종류는 일반여권(10년 이내)·관용여권(5년 이내)·외교관여권(5년 이내)이 있는데 그 중에 일반여권은 각 1회에 한하여 외국여행을 할 수 있는 여권(단수여권)과 유효기간 만료일까지 횟수에 제한 없이 외국여행을 할 수 있는 여권(복수여권)으로 나누어집니다. 준비서류로는 여권발급신청서, 여권용 사진 2매, 주민등록증, 수수료 등이 있으며, 만 25세 이상 군미필자는 국외여행허가서가 필요합니다.

## TIP

여권에 영문 이름이 적게 되어 있는데 한번 정해지면 바꾸기 어렵고 신용카드의 영문명과도 일치해야 하므로 정확하게 기록하여야 합니다.

외교통상부 여권과(02-2100-7593) www. 0404.go.kr

### 2. 비자

여권이 우리나라에서 인정한 국외여행허가서라면 여행할 외국에서 당신이 우리나라에 들어와도 좋다는 허가서가 비자(visa)이입니다. 비자가 있어야 입국할 수 있는 나라(미국, 중국, 캄보디아 등)와 비자가 없어도 갈 수 있는 나라(일본, 홍콩, 태국, 베트남 등)가 있습니다. 단 캄보디아는 현지에서 비자 발급이 가능합니다.

* 캄보디아

입국 시 공항에서 유효기간 30일의 여행자 및 비즈니스 비자 취득 가능하지만(여권용 사진 필요, 수수료는 여행자 미화 20불, 비즈니스 25불) 시간이 많이 걸리므로 미리 주한캄보디아대사관에서 비자를 받거나 e-visa 서비스를 이용하는 것도 좋습니다.

* **서울 소재 주한캄보디아대사관 주소 및 전화번호**
  - 주소 : 서울특별시 용산구 한남동 657-34
    (우:140-910)
  - 전화번호 : 02) 3785-1041
  - 팩스 : (02) 3785-1040
  - E-Mail : camboemb@korea.com
  - 업무시간 : 09:00-12:00 & 14:00-17:00(월-금)
    * e-Visa : 캄보디아 외교부 사이트 http://evisa.mfaic.gov.kh/에서 발급받을 수 있습니다. 여권과 신용카드만 있으면 발급이 가능하며, 비자는 이메일로 받아 프린트 한 후 입국시 제시하면 됩니다.

- 비자종류 – 관광비자(단수입국)
- 발급대상 – 말레이시아, 싱가포르, 필리핀, 라오스 국적인을 제외한 모든 방문자
- 유효기간 – 발급일자로부터 3개월
- 체류기간 – 30일(최소 24시간)
- 비자비용 – 미화 25불(비자 20불+처리비용 5불)
- 비자적용공항 – 프놈펜, 시엠립 국제공항
- 필요한것 – 유효기간이 6개월 이상 남은 여권, 여권사이즈의 사진 파일(*.jpeg/*.png), 사용 가능한 신용카드(Visa/ Master 카드)
- 발급소요시간 – 근무일 3일(주말, 공휴일 제외)

비즈니스 비자는 1달이 경과한 후 계속 연장이 가능하지만, 여행자 비자는 취득 후 3개월까지만 연장가능하기 때문에 장기체류자는 반드시 비즈니스 비자를 받아야 합니다.

캄보디아 입국 시 출입국 카드, 세관신고서를 작성 제출하여야 하며, 입국 심사대에서 스탬프를 받은 후 가방을 찾아 세관 검사대를 통과하면 됩니다.

공항세는 출국 시 국제선 1인당 미화 25불, 국내선 6불입니다.

### 3. 항공권

항공권은 해외여행 예산 중 가장 큰 비중을 차지하고 있는데 구입 시기 및 항공사와 여행사에 따라 요금편차가 심하므로 신중하게 구입해야 합니다. 여행비용을 줄이려면 휴가시기를 잘 조절하여 항공권을 싸게 사는 것인데 7월 말~8월 중순까지는 휴가가 몰리는 성수기여서 항공권이 가장 비싸다고 할 수 있습니다. 원래 항공권은 비수기, 성수기 요금 두 가지로 나뉘는 것이 보통이었으나, 최근 들어 항공 이용객이 늘면서 최성수기, 성수기, 비수기, 성수기 전 요금으로 나뉘어 있으며 최성수기와 비수기의 요금은 상당히 많이 차이가 납니다.

일반적으로 항공권은 정상운임 항공권과 각종 할인 항공권이 있는데, 정상운임 항공권은 국제항공운임협정(IATA)의 가격으로 판매되는 항공권을 말하며 이 항공권은 가격이 비싸나 유효기간이 1년이며 도중하차나 항로변경이 가능합니다. 또한 이미 발권되었더라도 약간의 수수료만 물면 환불도 가능합니다. 할인항공권은 정상운임 항공권의 30~70% 가격으로 판매되나 제한사항이 많다고 볼 수 있습니다.

## TIP 할인항공권을 저렴하게 구입하는 방법

1. 제한사항이 많은 항공권 구입하라
   유효기간, 환불불가, 노선변경 불가 등의 제한이 많은 항공권은 가격이 저렴할 수 밖에 없습니다. 제한사항이 많다고 해서 비행기를 탈 때 차별을 받는 것은 아니므로 이러한 조건을 잘 고려해서 저렴하게 항공권을 구입하는 것도 방법입니다.

2. 외국항공사를 이용하라
   일반적으로 국적항공사는 자국에서 비싼 값에 티켓을 판매합니다. 따라서 자국항공사보다는 외국항공사의 가격이 저렴하며, 외국항공사 중에서도 유명한 항공사보다는 중소 항공사의 가격이 훨씬 저렴합니다. 또한 직항보다는 경유지를 통하는 경우가 저렴합니다.

3. 시기를 잘 선택하라

   항공권은 시기적으로 볼 때는 성수기 보다는 비수기가 주말 출발보다는 주중 출발 가격이 저렴합니다. 보통 방학시즌과 휴가시즌이 일반적인 성수기이며, 추석, 설 등의 연휴에는 날짜와 상관없이 최성수기입니다.

4. 여행사에 따라 가격이 차이가 난다.

   여행사는 항공사를 통해 항공권을 공급받는데 여행사마다 공급받는 가격이 다 틀립니다. 판매실적이 좋거나 항공사와 관계가 좋은 여행사는 좀 더 싸게 받을 수 있고, 그렇지 못한 여행사는 비싸게 공급받습니다. 하지만 일반 소비자야 어떤 여행사가 싸게 공급받는지, 비싸게 공급받는지 알 수 없으므로 되도록 여러 여행사를 컨택해서 가격을 알아보는 것이 좋습니다.

5. 환전

   캄보디아는 미국 화폐인 달러와 캄보디아 화폐인 리엘을 같이 사용합니다. 대부분의 상권에서는 달러가 통용돼 있고 거스름돈은 리엘로 받는 형태입니다. 환전은 한국에서 달러로 해가는 것이 편하지만 환전하지 못했을 경우 캄보디아 곳곳에는 길거리 환전소가 있습니다. 환전 시 특별한 제한이나 필요한 것들이 없으므로 환전하기 용이한 편입니다. 단 환율의 차이가 있으므로 한국에서 환전하는 것이 다소 이익입니다.

※ 일반적인 추천순서(비용면에서) 인터넷 환전〉주거래은행 환전(여행자수표 포함)〉국제현금카드

## TIP 해외에서의 신용카드 사용

- **"출입국정보 활용 서비스"와 "SMS 서비스"를 활용하자**
  카드사 홈페이지나 전화를 통하여 출입국정보 활용서비스와 SMS 서비스를 활용하면 해외에서 발생하는 신용카드의 부정사용을 방지할 수 있습니다(휴대전화 로밍서비스는 필수).

- **신용카드사 신고센터 전화번호를 메모하자**
  해외에서 카드를 분실 혹은 도난 당한 후, 그 사실을 안 즉시 국내 카드사에 신고를 하면
  신고일로부터 60일 전과 그 이후에 발생하는 부정사용액에 대해 보상을 받을 수 있습니다(단, 회원의 고의 또는 과실이 있는 경우라면 보상 받지 못할 수 있음).

- **긴급 대체카드 서비스의 활용**
  해외에서 카드가 분실·도난·훼손 당한 경우에는 체류 국가의 긴급대체카드 서비스를 이용할 수 있습니다. 비자(www.visakorea.com), 마스터 카드(www.mastercard.com/kr)의 긴급 서비스센터를 활용하세요(카드 없이도 현금서비스를 받을 수 있습니다).

- **카드앞면에 국제브랜드 로고를 확인하자**
  해외에서 사용 가능한 카드는 국제브랜드사(비자·마스타·JCB·아멕스 등)와 업무제휴가 된 카드만이 가능합니다. 혹시 모를 사고에 대비해 여분의 사용 가능한 카드를 준비하세요.

> • 여권과 카드상의 영문이름이 일치 하는지 확인하자
>   여권상의 영문이름과 신용카드상의 이름이 다를 경우 카드결제를 거부당할 수 있습니다. 이름이 다를 경우 신용카드를 일치된 이름으로 교체 발급 받아야 합니다.

### 4. 여행자보험

여행 중에 발생할 수 있는 모든 사고에 대비하여 가입하는 보험으로 여행기간, 손해보험회사, 보상받을 수 있는 금액에 따라 가입비용이 다양합니다. 모든 손해보험회사와 여행사(www.tourbaksa.com)에서 가입할 수 있습니다. 여행자보험은 귀국 후에 보상을 받을 수 있는 후보상제도이므로 사고나 질병시의 각종 확인서와 영수증을 받아 두었다가 보험회사에 청구하면 보상을 받을 수 있습니다.

### 5. 비상약

지사제, 소화제, 일회용밴드, 종합감기약, 썬탠로션, 모기향, 해충방지제, 비타민, 물파스, 복합마데카솔 등

## 6. 카메라

삼각대, 메모리카드, 충전기, 필름, 멀티아답터 등

### TIP 위험대처법

- 현금과 여권, 항공권은 복대와 배낭, 주머니 등에 분산해서 보관하고, 짐을 수시로 확인하며 인파가 많은 곳에서는 차라리 배낭을 앞으로 매는 편이 낫습니다.
- 대중교통 이용 시 출입구 쪽을 피하며, 식당 야외에서 음식을 먹을 때는 길가 쪽에 짐을 절대 두지 않는다. 패스트푸드 등에서도 옷을 의자에 걸어놓아선 안됩니다.
- 화장실을 갈 때도 일행에게 맡기지 말고 모든 짐을 직접 들고 가야 합니다.
- 도미토리에서 묵거나 시외버스나 국내항공기 내부에서 화장실을 갈 때도 중요한 짐은 들고 가는 것이 좋습니다.
- 테러는 조심한다고 예방되는 것이 아닙니다. 다만 혼잡한 광장이나 국가축제·행사 등을 구경할 때는 도로변이나 행사무대 주변을 피하고 대중교통도 혼잡할 시간에는 이용하지 않는 것이 좋습니다.
- 여권을 분실했을 경우, 현지 경찰서에서 발급받는 도난신고서(Police Report)를 받아 가까운 한국대사관(영사관)을 찾아 여행자 증명서나 여권 재발급을 받습니

> 다(국가에 따라 1~3일 소요). 미리 여권사본과 여권용 사진 두 장을 미리 준비해서 별도 보관해 두면 좋다. 항공권의 경우 최근 대부분 e티켓이므로 다시 메일을 출력하면 공항에서 보딩 패스를 받을 수 있습니다.
> - 외교통상부 해외안전 여행사이트에는 국가별 위험요소와 안전대책이 기술되어 있습니다. www.0404.go.kr.
> - 여행자 수표는 분실해도 도난신고서를 통해 신고를 하면 전부 혹은 일부를 되찾을 수 있습니다. 이때 미리 메모해 놓은 수표번호나 영수증이 필요합니다.
> - 한국관광공사에서는 여행 중 발생할 수 있는 각종 사건. 사고의 유형과 대처방안을 상세하게 소개한 '안전여행가이드'를 외교통상부. 문화체육관광부. 손해보험협회와 함께 발행하고 있습니다. 한국관광공사 www.knto.or.kr.

□ **치안상태 및 체류 시 유의사항**

최근 캄보디아의 치안상태는 많이 호전되고 있음에도 불구하고 전반적으로 양호하지 못한 편 입니다. 내, 외국인을 대상으로 하는 납치사건이 종종 발생하며, 외국 여행자를 대상으로 하는 강도가 자주 발생하고 있기 때문에 관광객들을 위한 신변 안전수칙을 따르는 것이 필요합니다.

- 야간 외출 삼가 및 단체 행동 지향 (특히, 야간 모토택시 및 툭툭 탑승 삼가)
- 범죄 발생이 잦은 후미진 지역 출입 자제
- 집회, 시위, 정치적 성격의 회의 장소에 접근 삼가
- 강도의 표적이 되므로 공개된 장소에서 고액권 화폐 과시 삼가
- 캄보디아는 AIDS 보균자가 증가추세에 있으므로 유흥가 출입 삼가
- 경찰복이나 헌병 복장을 한 무장강도에게 폭행과 금품탈취를 당한 외국인이 많으므로 경찰이나, 헌병 등이라 할지라도 주의 요망
- 여권 및 귀중품 주의 보관
- 차량탑승 시 출입문 및 창문 등 항시 잠금 상태 유지
- 현지인과 시비가 발생하였을 때에는 캄보디아 경찰당국 등의 협조를 통해 해결하는 것이 바람직

※ 물리적 수단에 의존하는 경우 이해관계가 없는 현지인들도 자국인 편에 가세하여 상대편에 집단폭행을 가하는 사건이 증가하고 있는 추세

# PART

# 기본 표현

여기에서는 여행을 할 때 필요한 가장 기본적인 표현들을 모아 구성하였습니다. 서로 인사를 주고받거나 감사표시를 할 때, 무엇을 물어볼 때 등 기본적인 의사표현은 꼭 알아두어야 할 표현들이므로 잘 익혀두세요.

01 인사!!
02 소개하기
03 대답하기
04 감사·사과
05 부탁(의뢰·요구)
06 허락
07 물어보기

# 01 인사 !!

## TIP

일상회화에서 가장 많이 쓰이는 인사말은 **ជំរាបសួរ** 쯤립쑤어 와 **សួស្ដី** 쑤어 쓰다이 입니다. **សួស្ដី** 쑤어 쓰다이 는 **ជំរាបសួរ** 쯤립쑤어 와 같은 뜻으로 보다 친근한 느낌을 줍니다. 또 처음 만나는 사람과 대면 인사말로 **ខ្ញុំសប្បាយចិត្តដែលបានជួបអ្នក។** 크놈 써바이 쩟 다엘 반 쭙 네악.
이라고 하면 됩니다. 이와 같은 뜻으로 **ជារើកទីមួយរ-ដែលបានជួបអ្នក.** 찌어 릭 띠 모이 다엘 반 쭙 네악 라는 표현을 해도 되는데 이는 다소 격식을 차린 표현입니다.

## 1. 안녕하세요?

**សួស្តី / ជំរាបសួរ**

쑤어 쓰다이 / 쭘 립 쑤어

## 2. 안녕하세요?(시간에 따라)

**អរុណសួស្តី** (아침)

아론 쑤어 쓰다이

**ទិវាសួស្តី ។**

띠위어 쑤어 쓰다이

**សាយ័ន្តសួស្តី ។**

싸요언 쑤어 쓰다이

안녕하세요. (아침/점심/저녁) **សួស្តី**

쑤어 쓰다이

## 3. 처음 뵙겠습니다.

**ជាលើកទីមួយ ដែលបានជូបអ្នក ។**

찌어 릭 띠 모이 다엘 반 쭙 네악

## 4. 만나서 반갑습니다.

**ខ្ញុំសប្បាយចិត្តដែលបានជួបអ្នក ។**

크놈 써바이 쩟 다엘 반 쭙 네악.

**ខ្ញុំរីករាយណាស់ដែលបានជួបអ្នក ។**

크놈 릭 리에이 나 다엘 반 쭙 네악.

5. 어떻게 지내세요?

   តើអ្នកសុខសប្បាយទេ?
   따으 네악 쏙 써바이 떼?

6. 잘 지냅니다.

   ចាស/បាទ, ខ្ញុំ សុខសប្បាយ ។
   자(여자)/ 바(남자), 크뇸 쏙 써바이.

7. 안녕히 계세요.(가세요)

   ជំរាបលា ។
   쯤 립 리어

8. 내일 만나요.

   ជួបគ្នាថ្ងៃស្អែក ។
   쭙 크니어 틍아이 싸엑

9. 나중에 다시 만나요.

   ជួបគ្នាពេលក្រោយ ។
   쭙 크니어 뻴 끄라우이

10. 나중에 다시 만나요.

    ជួបគ្នាពេលក្រោយ ។
    쭙 크니어 뻴 끄라우이

32 여행회화 가이드(캄보디아편)

 소개하기

1. 이름이 어떻게 되세요?
   តើអ្នកឈ្មោះអ្វី?
   따으 네악 츠무어 어와이?

2. 내 이름은 김수하입니다.
   ខ្ញុំ ឈ្មោះគីមស៊ូហា ។
   크뇸 츠무어 김수하.

3. 어디에서 오셨습니까?
   តើអ្នកជាជនជាតិណា?
   따으 네악 찌어 쭌찌읏 나?

4. 저는 한국사람 입니다.
   ខ្ញុំជាជនជាតិកូរ៉េ ។
   크뇸 찌어 쭌찌읏 꼬레.

### 5. 만나뵙게 되어 반갑습니다.
រីករាយ ដែលបានជួបអ្នក ។
릭 리어이 다엘 반 쭙 네악.

### 6. 직업이 무엇입니까?
តើអ្នកធ្វើការអ្វី?
따으 네악 트워까 어와이?

### 7. 저는 대학생입니다.
ខ្ញុំជា និស្សិត ។
크놈 찌어 니씻.

### 8. 저는 사업차 이곳에 왔습니다.
ខ្ញុំមកដើម្បីបើករកស៊ីខួនឯង ។
크놈 목 담바이 바윽 루씨 클루언아잉.

### 9. 저는 관광가이드입니다.
ខ្ញុំ ជាមគ្គុទេសទេសចរណ៍ ។
크놈 찌어 메꾸떼 떼쎄쩌.

#  대답하기

1. 네
   **ចាស**
   자(여자)

   **បាទ**
   바(남자)

   아니오
   **ទេ ។**
   떼

2. 예, 그렇습니다.
   **ចាស/បាទ, មែនហើយ ។**
   자(여자)/ 바(남자), 멘 하으이.

3. 아니오, 그렇지 않습니다.
   **មិនមែនទេ ។**
   믄 멘 떼

អត់ទេ ។
엇 떼

### 4. 알겠습니다. (이해했습니다.)
ខ្ញុំ យល់ហើយ ។
크놈 욜 하으이.

### 5. 모르겠어요.
ខ្ញុំអត់ដឹងទេ ។
크놈 엇 덩 떼.

### 6. 맞습니다.
ត្រឹមត្រូវ ។
뜨럼 뜨어으.

### 7. 아니오, 괜찮습니다.
ទេ ។ មិនអីទេ ។
떼, 믄 아이 떼.

### 8. 좋습니다.
ល្អណាស់ ។
러어 나.

# 04 감사 • 사과

외국인들은 감사와 사과의 표현을 반사적으로 사용합니다. 사소한 일 가지고 뭘 그러나 하지 말고 외국에서는 감사와 사과의 표현을 습관처럼 사용해 보세요.

1. 감사합니다(고맙습니다).

    អរគុណ ។
    어꾼

2. 도와 주셔서 감사드립니다.

    អរគុណ ដោយជួយខ្ញុំជាច្រើន ។
    어꾼 다오이 쭈어이 크눔 찌어 쯔란

3. 신세 많이 졌습니다.(도움을 많이 받았습니다.)

    អ្នកបានជួយខ្ញុំយ៉ាងច្រើន ។
    네악 반 쭈어이 크눔 양 쯔란

4. 천만에요(괜찮습니다)
   មិនអីទេ ។
   믄 아이 떼.

5. 미안합니다.
   សូមទោស ។
   쏨똑.

6. 실례합니다.
   សុំទោស ។
   쏨똑.

7. 늦어서 미안합니다.
   សូមទោសដែលបានមក យឺត ។
   쏨똑 다엘 반 목 여읏.

8. 아뇨, 괜찮습니다.
   ទេ ។ មិនអីទេ ។
   떼, 믄 아이 떼.

9. 용서해 주세요.
   សូមអនុគ្រោះអោយខ្ញុំ ។
   쏨 아누 크루어 아오이 크놈.

10. 제가 잘못했습니다.
    ខ្ញុំ បាន កំហុស ។
    크놈 반 꼼허

#  부탁(의뢰 · 요구)

1. 도와주시겠습니까?

   តើអ្នកអាច ជួយខ្ញុំ បាន ទេ?

   따으 네악 아잇 쭈어이 크놈 반 떼?

2. 부탁이 있는데요.

   ខ្ញុំ មានការស្នើរស ។

   크놈 미은 까아 쓰나웃

3. 잠깐만 기다려주세요.

   សូមចាំមួយភ្លែត ។

   쏨 짬 모이 플렛.

4. 천천히 말해주세요

   សូមនិយាយ យឺត យឺត ។

   쏨 닉이어이 여읏 여읏.

5. 좀 찾아주세요.

   សូម ជួយ រកឃើញ។
   쏨 쭈어이 룩 커인.

6. 좀 써 주시겠습니까?

   សូមអោយសរសេរបានទេ?
   쏨 아오이 써쎄이 반 떼?

7. 지금 어디에 있는지 가르쳐 주세요.

   សូមជួយប្រាប់ផង តើឥឡូវខ្ញុំនៅឯណា។
   쏨 쭈어이 브랍펑 따으 엘르 크놈 너으 아에 나

8. 이것을 주세요.

   សូមអោយនេះ។
   쏨 아오이 니.

9. 계산 좀 해 주세요.

   សូមគិតលុយ!
   쏨 끗 로이!

10. 사진 좀 찍어 주세요.

    សូម ជួយ ថតរូប។
    쏨 쭈어이 텃 룹.

 허락

1. 여기 앉아도 될까요?
   ខ្ញុំអាច អង្គុយនេះបានទេ?
   크늄 앗 엉꾸이 니 반 떼?

2. 안으로 들어가도 될까요?
   ខ្ញុំអាច ចូលក្នុងបានទេ?
   크늄 앗 쫄 크농 반 떼?

3. 뭣 좀 물어봐도 될까요?
   ខ្ញុំអាច សួរបានទេ?
   크늄 앗 쑤어 반 떼?

4. 담배를 피워도 될까요?
   ខ្ញុំអាច ជក់បារីបានទេ?
   크늄 앗 쭙 바라이 반 떼?

## 5. 전화를 사용해도 될까요?

ខ្ញុំអាច ប្រើ ទូរស័ព្ទបានទេ?

크놈 앗 쁘라으 뚜러쌉 반 떼?

## 6. 사진을 찍어도 될까요?

ខ្ញុំអាច ថតរូបបានទេ?

크놈 앗 툿 룹 반 떼?

## 7. 카드로 지불해도 될까요?

ខ្ញុំអាចប្រើកាតក្រេឌីតបានទេ?

크놈 앗 쁘라으 까앗 끄레딧 반 떼?

## 8. 이것을 가져가도 될까요?

ខ្ញុំអាចនេះយកទៅបានទេ?

크놈 앗 니 욕 떠으 반 떼?

## 07 물어보기

1. 여기가 어디입니까?
   **តើទីនេះ ឯណា?**
   뜨으 띠 니 아에 나?

2. 이것은 (가격) 얼마입니까?
   **តើនេះថ្លៃប៉ុន្មាន?**
   뜨으 니 틀라이 쁜만?

3. 실례하지만 지금 몇 시입니까?
   **សុំទោស តើឥឡូវម៉ោងប៉ុន្មាន?**
   쏨또 뜨으 엘르 마웅 쁜만?

4. 이것이 무엇입니까?
   **តើនេះជាអ្វី?**
   뜨으 니 찌어 어와이?

5. 매표소는 어디에 있습니까?
   តើកន្លែងលក់សំបុត្រចូលទស្សនា នៅឯណា?
   따으 껀라엥 루억 썸봇 쪼울 뚜어쓰나 너으 아에 나?

6. 공항까지는 얼마나 멉니까(거리)?
   តើទៅព្រលានយន្តហោះឆ្ងាយប៉ុន្មាន?
   따으 떠으 쁘럴리은 윤허 층아이 뽄만?

7. 공항까지 얼마나 걸립니까(시간)?
   តើទៅព្រលានយន្តហោះចំណាយពេលប៉ុន្មាន?
   따으 떠으 쁘럴리은 윤허 쩜나이 뻴 뽄만?

8. 입장료는 얼마입니까?
   តើ សំបុត្រចូលទស្សនាថ្លៃប៉ុន្មាន?
   따으 썸봇 쪼울 뚜어쓰나 틀라이 뽄만?

9. 박물관은 어디에 있습니까?
   តើ សារៈមន្ទីរជាតិនៅឯណា?
   따으 쓰라 문띠 찌읏 너으 아에 나?

10. 관광지도 있습니까?
    តើមានផែនទីទេសចរណ៍ ទេ?
    따으 미은 파인띠 떼쎄쩌 떼?

# PART III

## 공항에서

출/입국절차
체크인(탑승수속/수화물 위탁) ⇒ 출국장 입장 ⇒ 보안검색 ⇒ 세관신고(검사) ⇒ 출국 심사 ⇒ 비행기 탑승 ⇒ 이륙

01 출입국신고서 작성
02 세관검사
03 출입국 심사
04 환승
05 수하물 찾기

# 01 출입국신고서 작성 (출입국 신고서의 작성 요령)

1. 출입국 신고서는 모두 대문자로 기입합니다. 캄보디아에 가까워지면 여승무원들이 캄보디아에 입국하기 위한 출입국 신고서(Form I-94)와 세관신고서(Customs declaration form)를 나누어 주는데, 모두 영문(대문자)으로 작성하여야 합니다.
2. 작성 시 유의 사항은 다음과 같습니다.
   - 생일 : 년/월/일이 아닌 일/월/년 순으로 기입
   - 성별 : 남자는 MALE, 여자는 FEMALE를 기입
   - 비자 발행날짜 : 여권 내의 캄보디아 비자를 살펴보면 Issue date가 있는데 여기에 있는 날짜를 적으면 됩니다.

## PART 3

## 출입국신고서 작성

Ⅲ. 공항에서 47

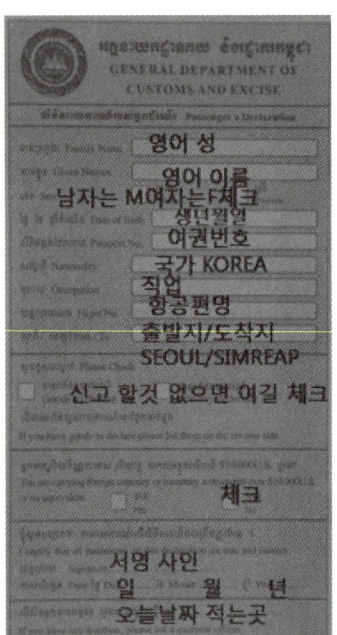

- 캄보디아에 체류기간 중 주소 : 여러 곳을 이동한다면 첫날 체류하는 곳을 넣으면 됩니다. (단체 여행일 경우 호텔 이름만 작성하면 됩니다)
3. 입국 심사가 끝나면 입국 심사관이 여권에 도장을 찍어줍니다.

## 02 세관검사 (Customs Inspection)

출구를 따라 나가다 보면 세관 검사대가 나옵니다. 보통 비행기내에서 작성한 세관 신고서(Customs declaration form)만 받고 통과시키지만, 상황에 따라서는 검사할 수도 있으므로 신고 대상과 허용한계량에 주의해야 합니다.

• 휴대품통관정보

| 휴대품 | 통관기준 |
|---|---|
| 술 | 2병 |
| 담배 | 200개비 이하 |
| 향수 | 개인용도를 위한 적정량 |
| 면세한도금액<br>(일반면세기준) | 미화 100달러 이하의 물품으로 개인용도를 위한 적정량 |

| 외국환신고 | 미화 10,000 달러 이상의 현금 또는 이에 상당하는 외화 반출입시 세관에 신고 |
|---|---|
| 의약품 | 개인용도를 위한 적정량 |
| 식품 | 개인용도를 위한 적정량 |
| 반입불허품목 | 권총 등 소형화기, 무기, 포르노 그라피, 단파 라디오 |
| 기타 유의사항 | - 캄보디아 정부는 세부화된 여행자 휴대품 통관 제도를 시행하고 있지 아니함<br>- 통관심사는 세관직원의 무작위 검사에 의해 실시<br>- 개인은 모두 세관신고서를 작성하여 제출 |

## 1. 신고할 물건이 있습니까?

មានអ្វីដែលត្រូវបង្ហាញទេ?

미은 어와이 다엘 뜨러으 벙한 떼?

아니오, 없습니다.

អត់ទេ ។ អត់មានទេ ។

엇 떼, 엇 미은 떼.

2. 세관 신고서를 주십시오.
   សូមអោយក្រដាសគយមកខ្ញុំ។
   쏨 아오이 끄러다 꼬어이 목 크놈

   여기 있습니다.
   នេះនៃ លោក។
   니 나에 록

3. 이 가방 좀 열어 주세요.
   សូមបើកការប្អូបនេះ។
   쏨 바윽 까봅 니.

   이것들은 제 개인적인 용품입니다.
   ទាំងនេះរបស់ប្រើផ្ទាល់ខ្លួន។
   떼앙 니 로바 쁘라오 쁘또알클루언.

   이것은 제 친척을 위한 선물입니다.
   នេះជាកាដូរសំរាប់សាច់ញាតិខ្ញុំ។
   니 찌어 까도 섬랍 쌋 낫 크놈

4. 이 품목은 세금을 내셔야 합니다.
   អ្នកត្រូវតែបង់ពន្ធលើរបស់នេះ។
   네악 뜨러으 때에 벙 쁜 르 로벅 니

세금은 얼마입니까?
**តើពន្ធមានតំលៃប៉ុន្មាន?**
따에 쁜 미은 덤라이 쁜만?

5. 이것은 금지된 품목입니다.
**នេះជារបស់ហាមឃាត់។**
니 찌어 로바 함 코앗.

6. 이것은 과세 대상 물건입니다.
**របស់នេះត្រូវការបង់ពន្ធ។**
로바 니 뜨러으까 벙 쁜.

7. 다른 짐은 있습니까?
**តើមានអីវ៉ាន់ផ្សេងទៀតទេ?**
따으 미은 에이완 프쌩 띠읏 떼?

# 03 출입국 심사 (IMIGRATION)

입국 심사관 앞에 가서 여권과 출입국 신고서를 건네 주면 심사관은 여행목적과 체류기간(일반적인 경우)과 체류장소, 리턴 티켓 등을 묻는다. 질문 내용이 잘 이해되지 않는 경우 무조건 "Yes."라고 대답해서는 안된다. 문제가 커진다고 싶을 땐 통역(Interpreter)을 불러 달라고 한다.

### 1. 여권과 비자를 보여 주세요?

សូមបង្ហាញលិខិតឆ្លងដែន និងទិដ្ឋាការ ។
쏨 벙한 리카츨렁다엔 능 뜬타까.

### 여기 있습니다.

នៅទីនេះ ។
너으 띠 니.

## 2. 어디에서 오셨습니까?
### តើអ្នកជាជនជាតិណា ?
따으 네악 찌어 쭌찌읏 나?

## 한국에서 왔습니다.
### ខ្ញុំជាជនជាតិ កូរ៉េ ។
크놈 찌어 쭌찌읏 꼬레.

※ 상대방이 말이 빨라 알아듣기 힘든 경우에는 천천히 말해주세요.
(សូមនិយាយ យឺត យឺត ។ 쏨 닉이어이 여읏 여읏)라고 합니다.

## 3. 얼마나 머물 예정입니까?
### តើអ្នកនឹងស្នាក់នៅទីនេះ រយៈពេលប៉ុន្មាន?
따으 네악 능 쓰낙너으 띠 니 로야 뻴 뽄만?

## 7일 동안 /10일 동안 /15일 동안/한 달 동안 머물 예정입니다.
### ខ្ញុំនឹងស្នាក់នៅទីនេះ ៧ថ្ងៃ / ១០ថ្ងៃ / ១៥ថ្ងៃ/ ១ខែ ។
크놈 능 스낙너으 띠 니 쁘람 뻴 틍아이/ 덥 틍아이/ 덥 쁘람 틍아이/ 모이 카에.

## 4. 방문 목적은 무엇입니까?
### តើអ្នកមកប្រទេសខ្មែរតមរយៈអ្វី ?
따으 네악 목 보로떼 크마에 땀 로야 어와이?

휴가 / 관광 / 사업 때문입니다.

ខ្ញុំមកតាមរយៈ: ថ្ងៃឈប់សំរាក/ទេសចរណ៍/ជំនួញ។

크놈 목 땀 로야 틍아이 쵭썸락/떼쎄쩌/쯤누은.

※ 머무는 동안 공부도 하고 알바도 할 것인가를 물어보는 경우 공부나 알바를 하고 싶은 마음이 있다고 하더라도 관광만 할 것이라고 하는 것이 좋습니다..

## 5. 어디서 묵으실 건가요?

តើអ្នកស្នាក់នៅឯណា?

따으 네악 스낙 너으 아에 나?

앙코르호텔 / 친구집 / 친척집에서 묵을 예정입니다.

ខ្ញុំ នឹង ស្នាក់នៅសណ្ឋាគារអង្គរ/ ផ្ទះមិត្តភក្តិ / ផ្ទះទំនាក់ទំនង។

크놈 능 스낙 너으 싼떠끼어 앙꼬/ 프떼아 머페아 / 프떼아 똠네악 똠농.

## 6. 리턴 티켓(귀국용 항공권)은 있습니까? 네 여기 있습니다.

តើអ្នកមានសំបុត្រយន្តហោះទៅមកទេ?

따으 네악 미은 섬봇 윤허 떠옥 떼?

បាទ / ចាស់, ខ្ញុំមាន។

바 / 자, 크놈 미은.

7. 캄보디아을 방문한 적이 있습니까? 처음/ 두 번째입니다.

   **តើអ្នកធ្លាប់មកខ្មែរទេ?**

   떠으 네악 틀로압 목 크마에 떼?

   **ដំបូង ។/ លើកទីពីរ ។**

   덤봉./륵 띠 삐.

8. 현금은 얼마나 가지고 있나요?

   **តើអ្នកយកលុយទៅប៉ុន្មាន?**

   떠으 네악 욕 루이 떠으 쁜만?

   현금 500달러와 300달러 상당의 여행자 수표가 있습니다.

   **ខ្ញុំមានលុយសុទ្ធ ៤០០ ដុល្លា និង សែក ៣០០ ដុល្លា ។**

   크놈 미은 후이 숏 부은로이 달라 능 싸엑 바이로이 달라.

9. 언제 돌아갈 예정입니까? 일주일 / 2주일 / 한 달 뒤입니다.

   **តើ ត្រឡប់ទៅវិញ្ញ គឺពេលណា?**

   떠으 끄럴럽 떠으 윈 ㄲ 뻴 나?

   **ក្រោយ មួយសប្តាហ៍ / ពីរ សប្តាហ៍ / មួយខែ ។**

   끄라오이 모이 썹바다/삐 썹바다/모이 카에.

## 10. 통역을 불러 주십시오.
សូមអោយហៅ អ្នកបកប្រែ ។
쏨 아오이 하으 네악 복쁘라에.

## 11. 스캐너 위에 왼쪽/오른쪽 검지 손가락을 올리세요.
សូមដាក់ចង្អុរដៃឆ្វេង / ស្ដាំលើម៉ាស៊ីនស្កេន ។
쏨 닥쯩올 다이츠웽 / 스담 르 마신스켄.

## 12. 카메라를 보세요.
សូមមើលកាមេរ៉ា ។
쏨 멀 까메라.

## 13. 직업은 무엇입니까?
តើអ្នកធ្វើការអ្វី ?
따으 네악 트워까 어와이?

## 04 환승

일반적으로 환승 시에는 환승 국가의 비자는 없어도 됩니다. 한국에서 환승표를 구매한 경우 게이트 번호와 좌석번호가 있으면 티켓팅이 필요 없으나 없는 경우(보딩패스에 TKT Required라고 표시)에는 환승공항에서 환승권 소속 항공사에서 티켓팅을 해야 합니다. 수하물의 경우 인천공항에서 최종목적지까지 운송되므로 찾을 필요가 없습니다(수화물 보관증 보관은 필수).

1. 나는 비행기를 갈아타려고 합니다.

   ខ្ញុំ នឹង ផ្លាស់ប្ដូរយន្តហោះ ។
   크놈 능 플라 쁘도우 윤허.

2. 환승 카운터는 어디입니까?

   តើកន្លែងផ្ទេរលុយនៅឯណា?
   따으 건라엥 프떼 루어이 너으 아에 나?

### 3. 이 공항에서 얼마 동안 있어야 합니까?
តើខ្ញុំត្រូវតែនៅព្រលានយន្តហោះយូរប៉ុណ្ណា?
따으 크놈 뜨러으따에 너으 쁘럴러언 윤허 유어쁜나?

### 4. 탑승수속은 어디에서 합니까?
តើដំណើរឡើងយន្តហោះ ឡើងនៅឯណា?
따으 준다으 라응 윤허 라응너으 아에 나?

### 5. 탑승은 언제부터 시작합니까?
តើចាប់ផ្ដើមឡើងជិះនៅពេលណា?
따으 잡으다음 라응 찌어 너으 뻴나?

### 6. 10번 게이트가 어디에 있나요?
តើផ្លូវលេខ ១០ នៅឯណា?
따으 플러으 레잇 덥 너으 아에 나?

### 7. 어느 게이트로 가야 하는지를 알려주시겠어요?
តើត្រូវ ចេញតាមផ្លូវលេខ ប៉ុន្មានទៅ?
따으 뜨러으 쩬 땀 플러으 레잇 쁜만 떠으?

### 8. KE 003를 타려면 몇 번 게이트로 가야 합니까?
បើឡើងជិះ KE 003 តើត្រូវទៅផ្លូវលេខប៉ុន្មាន?
바으 라응 찍 KE 003 따으 뜨러으 떠으 플러으 레잇 쁜만?

### 9. KE 003는 어느 게이트에서 떠납니까?
**KE 003 តើចេញនៅផ្លូវលេខប៉ុន្មាន?**
따으 쩬 너으 플러으 레잇 쁜만?

### 10. 인포메이션 센터가 어디죠?
**តើការិយាល័យពតិមាននៅឯណា?**
떠으 까리야라이 뽀라미염 미은 너으 아에 나?

### 11. 이곳에 한국말 하시는 분이 계시나요?
**នៅទីនេះមានអ្នកនិយាយភាសាកូរ៉េទេ?**
너으 띠 니 미은 네악 닉이어이 피어싸 꼬레 떼?

### 12. 당신의 최종목적지(last destination)는 어디입니까?
**តើគោលដៅចុងក្រោយអ្នក គឺនៅឯណា?**
떠으 꼴다으 쫑끄라우이 네악 끄 너으 아에 나?

# 05 수하물 찾기

수화물 수령대가 복잡한 공항의 경우 본인이 타고 온 비행기 편명을 안내 표지만이나 전광판으로 확인하여야 합니다. 짐을 부칠 때 주는 수화물 교환증은 수하물을 찾고 나올 때까지 보관하는 것이 편리하며 가방에는 이름표나 꼬리표를 붙여둡니다.

1. 당신이 타고 오신 비행기의 번호는 무엇입니까?

    តើអ្នកជិះយន្តហោះលេខប៉ុន្មាន?.
    떠으 네악 찍 윤허 레잇 쁜만?

    대한 항공 442편입니다.
    លេខ ៤៤២ យន្តហោះ KE.
    레잇 부운부운삐 윤허 KE.

## 2. 수화물 교환증을 가지고 있습니까?
### តើអ្នកមានកាន់ ក្រដាសប្ដូរយកកវ៉ាន់ទេ?
떠으 네악 미은 깐 끄러다 쁘도우욱 에이완 떼?

## 여기 있습니다.
### មាន។
미은

## 교환증을 잃어버렸습니다.
### ខ្ញុំធ្វើបាត់ ក្រដាសប្ដូរយកកវ៉ាន់ ហើយ។
크늄 트워 밧 끄러다 쁘도우욱 에이완 하으이.

## 3. 여행 가방은 어디에서 찾나요?
### តើអីវ៉ាន់ត្រូវរកនៅកន្លែងណាទៅ?
떠으 에이완 뜨러으 록 너으 껀라엥 나 떠으?

## 4. 이것이 내 짐이에요.
### នេះ អីវ៉ាន់ ខ្ញុំ។
니 에이완 크늄.

## 5. 내 짐을 찾을 수 없어요
### ខ្ញុំ អត់បានមើលឃើញអីវ៉ាន់ខ្ញុំ។
크늄 엇 반 멀크인 에이완 크늄.

## 6. 수화물센터는 어디입니까?
### តើកន្លែងសេវាអីវ៉ាន់នៅឯណា?
떠으 껀라엥 세와 에이완 너으 아에 나?

7. 제 짐을 찾으면 앙코르호텔로 연락 주세요.
 ពេលអ្នករកឥវ៉ាន់ខ្ញុំឃើញ សូមទាក់ទងទៅ សណ្ឋាគារអង្គរ។
 뻴 네악 록 에이완 크놈 크인 쏨 떼악똥 떠으 싼타끼아 앙코르.

8. 제 짐을 잃어버렸어요.
 ខ្ញុំបានបាត់អីវ៉ាន់ហើយ។
 크놈 반 밧 에이완 하으이.

9. 제 짐이 안 나왔어요.
 មិនឃើញឥវ៉ាន់ខ្ញុំទេ។
 믄 크인 에이완 크놈 떼?

# PART IV

## 비행기안에서

01 기내(비행기 안) 안내멘트
02 좌석을 찾을 때
03 기내서비스
04 문제발생 및 궁금한 사항이 있을 때

# 기내(비행기 안) 안내멘트

1. 승객 여러분, 비행기가 곧 이륙할 예정입니다.

   អ្នកធ្វើដំណើរទាំងអស់, យន្តហោះរៀបនឹង ហោះ ឡើងបន្តិចទៀតនេះហើយ ។

   네악 트워 덤나으 떼앙아, 윤허 리업 능 허 라응 번떽 띠읏 니 하으이.

2. 기상 사정으로 이륙이 지연되겠습니다.

   ការហោះហើរ ត្រូវបានពន្យាពេល ដោយសារមានបញ្ហាខាង អាកាសធាតុ ។

   까 허하으 뜨러우 반 뿐여이 뼬 다오이 싸 미은 빤냐하 캉 아까스티엇.

3. 모두 자리에 착석하여 주시기 바랍니다.

   សូមអញ្ជើញចូលទៅអង្គុយកន្លែងរៀង១ខ្លួន ។

   쏨 언쯔은 쪼올 떠으 엉꾸이 껀라엥 리앙 리앙 클루언.

66 여행회화 가이드(캄보디아편)

4. 안전벨트를 매주시기 바랍니다.
សូមដាក់ខ្សែក្រវ៉ាត់សុវត្ថិភាព។
쏨 다악 크싸이 크왓 소왓따피읍.

5. 모든 전자기기의(electromagnetism) 전원 (power source)을 꺼주시기 바랍니다.
សូមបិទប្រភពភ្លើងនៃអេឡិចត្រូនិចទាំងអស់។
쏨 벗 브러폽 플릉 나이 에릭드로닉 떼앙아.

6. 비행시간은 50분으로 예정하고 있습니다.
ពេលវេលាហោះហើរ កំពុងរៀបចំនៃពេល ៥០នាទី។
뻴웨리아 허하으 껌뽕 리압쩜 나이 뻴 하섭 니어띠.

7. 비행기 이착륙시에는 휴대전화를 포함한 모든 전자제품을 사용하실 수 없습니다.
នៅពេល យន្តហោះហោះឡើង និង ចុះ លោកអ្នក មិនអាចប្រើប្រាស់ទូរស័ព្ទបានទេ រួមទាំងរបស់អេឡិចត្រូនិចទាំងអស់។
너으 뻴 윤허 허라응 능 쪼 록네악 믄아잇 쁘라으쁘라 뚜러삽다이 반떼 루럼띠앙 로버 에릭 드로닉 떼앙아.

8. 화장실과 기내에서는 금연해주시기 바랍니다.
សូមមេត្តាកុំពិសារបារី ក្នុងយន្តហោះ និង ក្នុងបន្ទប់ទឹក។
쏨 메따 꼼 삐사 바라이 크농 윤허 능 크농 번뚭뜩.

9. 비상용 장비(for emergency equipment)와 비상구의 이용방법을 안내해 드리겠습니다.
យើងនឹងបង្ហាញពីរបៀបប្រើប្រាស់ ឧបករណ៍សង្គ្រោះបន្ទាន់ និង សំភារៈសំរាប់សង្គ្រោះបន្ទាន់ ។

여응 능벙한h 삐로비압 쁘라으쁘라 옵바꺼 생끄루 번또안 능 썸피렉 썸랍 생끄루 번또안.

10. 지금부터 식사를 서빙합니다. 앞사람의 방해가 되지 않게 자리를 세워 주시기 바랍니다.
យើងចាប់ផ្ដើមបំរើម្ហូបហើយ ។ ពេលរៀបចំកន្លែង សូមធ្វើយ៉ាងណាកុំអោយរំខាន ដល់ភ្ញៀវនៅខាងមុខ ។

여응 짭쁘담 범라오 마홉 하으이. 뻴 리읍쩜 껀라엥 쏨 트워양나 꼼아오이 룸칸 덜 프니유 너으 캉 목.

11. 지금부터 기내 면세품을 판매 합니다. 필요한 물건이 있으시면 승무원에게 말씀하시기 바랍니다.
យើងចាប់ផ្ដើមលក់របស់របរគ្មានពន្ធ នៅក្នុងយន្តហោះ ។ បើលោកអ្នកត្រូវការ សូមនិយាយទៅកាន់បុគ្គលិកបំរើការ យន្តហោះ ។

여응 짭쁘담 루억 로럭로버 크미은뿐 너으 크농 윤허. 바으 루억네악 뜨러으까 쏨

닉이에요 떠으 깐 뽁가륵 범라오 까 윤허.

## 12. 지금부터 기내 영화 상영을 하겠습니다.
### ឥឡូវយើងចាប់ផ្ដើមបញ្ចាំងកុនហើយ ។
엘르 여응 짭쁘담 번짱 꼰 하으이.

## 🟦 스튜어디스가 자주 쓰는 말

1. 탑승권 좀 보여주세요.
   សូមបង្ហាញសំបុត្រ ។
   쏨 벙한 썸봇.

2. 곧 이륙합니다.
   ហោះហើរ បន្តិចទៀត ។
   허하으 번떽 띠읏.

3. 의자를 바로 해 주세요.
   សូមដាក់កៅអីអោយត្រង់ ។
   쏨 닥 까으아이 아오이 뜨렁

4. 안전벨트를 매 주세요
   សូមដាក់ខ្សែក្រវាត់សុវត្ថិភាព ។
   쏨 닥 크싸에꼬왓 소왓떠피읍.

5. 제 좌석이 어디에 있습니까?
   កន្លែង អង្គុយខ្ញុំនៅឯណា?
   껀라엥 엉꾸이 크놈 너으 아에 나?

6. (실례합니다) 지나가도 될까요?
   (សុំទោស) ខ្ញុំអាចឆ្លងតាមបានទេ?
   (쏨또) 크놈 앗 츨렁 땀 반 떼?

7. (실례합니다) 여기는 제 자리인데요.
   (សុំទោស) កន្លែង អង្គុយនេះ របស់ខ្ញុំ។
   (쏨또) 껀라엥 엉꾸이 니 로박 크놈.

8. 의자를 뒤로 젖혀도 될까요?
   តើខ្ញុំអាចបង្អៀរកៅអីទៅក្រោយបានទេ?
   따으 크놈 아앗 벙왓 까으아이 떠으 끄라우이 반떼?

9. (앞사람에게) 의자를 바로 해 주실래요?
   តើអ្នកជួយដាក់កៅអីអោយទៅមុខបានទេ
   (ទៅអ្នកខាងមុខ)?
   따으 네악 닥 까으아이 아오이 떠으 목 반떼?
   (떠으 네악 캉 목)

10. 좌석을 바꿀 수 있나요?
    ខ្ញុំអាច ដូរ កន្លែង អង្គុយបានទេ?
    크놈 앗 도우 껀라엥 엉꾸이 반 떼?

## 11. 이 자리가 비어 있습니까?

### កន្លែង អង្គុយនេះ ទំនេរទេ?
껀라엥 엉꾸이 니 뚬네 떼?

## 12. (실례합니다) 여기 앉아도 될까요?

### (សុំទោស) ខ្ញុំអាច អង្គុយនេះបានទេ?
(쏨또) 크놈 앗 엉꾸이 니 반 떼?

## 13. 제 좌석이 어디입니까?

### កន្លែង អង្គុយខ្ញុំនៅឯណា?
껀라엥 엉꾸이 크놈 너으 아에 나?

## 14. 제 좌석으로 안내해 주세요.

### សូមបង្ហាញ កន្លែងអង្គុយខ្ញុំផង ។
쏨 벙한 껀라엥 엉꾸이 크놈 펑.

# 기내서비스

## 스튜어디스가 자주 쓰는 말

1. 소고기와 닭고기 중 어느 것을 드시겠습니까?
 តើអ្នកចង់ ពាំ សាច់គោ ឬ សាច់មាន់ ។
 따으 네악 쩡 남 쌋꼬 르 쌋모안?

2. 어떤 음료를 드릴까요?
 តើអ្នកចង់ ពាំភេសជ្ជៈ អ្វី?
 따으 네악 쩡 남 뻬쓰찌아 어와이?

3. 식사는 다 드셨습니까?
 តើអ្នក ពាំបាយហើយ?
 따으 네악 남바이 하으이?

4. 좀 추운데요. 담요 좀 주세요.
 ត្រជាក់ បន្តិច ។ សូមអោយ កន្សែងពោះគោ ។
 뜨러쩨악 번뗏. 쏨 아오이 껀싸잉 뿌어 꼬.

5. 에어컨 사용법 좀 가르쳐 주세요.
   **សូមប្រាប់ពីរបៀបប្រើម៉ាស៊ីនត្រជាក់ផង ។**
   쏨 브랍 삐 로비압 쁘라으 머씬뜨러찌악 펑.

6. 마실 것 좀 있습니까?
   **តើមានភេសជ្ជៈទេ?** 따으 미은 뻬쓰찌아 떼?

7. 한국어 신문(잡지) 있습니까?
   **តើមាន ការសែត(ទស្សនាវដ្ដី)កូរ៉េ ទេ?**
   따으 미은 까싸엣(또쓰나워다이) 꼬레 떼?

8. 식사는 언제 나옵니까?
   **តើម្ហូបបំរើពេលណា?**
   따으 마홉 범라으 뻴나?

9. 닭고기로 주세요.
   **សូមអោយ សាច់មាន់ ។**
   쏨 아오이 쌋모안.

10. 배고프지 않습니다.
    **អត់ឃ្លានទេ ។**
    엇 클리은 떼.

11. (물 / 커피 / 주스) 좀 주세요.
    សូមអោយ(ទឹក/ កាហ្វេ / ទឹក ផ្លែឈើ)
    쏨 아오이(뜩/까페이/뜩 플라에처)

12. (빵 / 물) 좀 더 주세요.
    សូមអោយ បន្តិចទៀត(នំប៉័ង / ទឹក) ។
    쏨 아오이 번떼 띠웃. (놈빵/뜩)

# 문제발생 및 궁금한 사항이 있을 때

### 1. 몸이 좀 아픕니다.
ខ្ញុំឈឺតិច ។
크뇸 츠 떽.

### 2. 멀미/두통/복통약 좀 주세요?
សូមអោយថ្នាំ ពុលឡាន / ឈឺក្បាល / ឈឺពោះ ។
쏨 아오이 트남 뿔란/츠끄발/츠뿌어.

### 3. 종이와 펜 좀 주세요?
សូមអោយ ក្រដាស និងប៊ិច ។
쏨 아오이 끄로다 능 벳.

### 4. 입국카드 한 장 더 주세요.
សូមអោយកាតអន្តោប្រវេសន៍ ១សន្លឹកទៀត ។
쏨 아오이 깟 언따오쁘러웨 모이 썬럭 띠읏.

5. 이 서류를 어떻게 작성해야 하나요?

   តើត្រូវសរសេរលិខិតជាជនអន្តោប្រវេសន្តយ៉ាងម៉េចទៅ ?

   따으 뜨루으 써쎄이 리카찌어쭌 언따오쁘러웨 양멧 떠으?

6. (모르는 말을 가리키며) 이것은 무슨 의미입니까?

   នេះ មានន័យថា ម៉ិច?

   니 마은 네이 타 멧?

7. 면세품을 살 수 있습니까?

   តើខ្ញុំអាចទិញរបស់គ្មានពន្ធបានទេ?

   따으 크뇸 아잇 뗸 로벅 크미은 뽄 반떼?

8. (면세품 목록을 가리키며) 이것을 살 수 있을까요?

   តើខ្ញុំអាចទិញ ( របស់គ្មានពន្ធបង្ហាញក្នុងកាតាឡុក) នេះជានទេ?

   따으 크뇸 아잇 뗸 (로벅 크미은 뽄 벙한 크농 카다록) 니 반떼?

9. (술 담배 구입시) 몇 개까지 살 수 있나요?

   តើខ្ញុំអាចទិញបានប៉ុន្មាន ( ស្រា បារី ការទិញ )?

   따으 크뇸 아잇 뗸 반뽄만(쓰라 바라이 까뗸)?

## 10. 달러/원/ 카드도 사용할 수 있나요?

ខ្ញុំអាចប្រើ កាត / លុយវ៉ន់ /លុយដុល្លា ផងបានទេ?

따으 크놈 아잇 쁘라으 카드/ 루이 원/ 루이 돌라 펑 반떼?

## 11. 언제 착륙합니까?

ចុះចតពេលណា?

쪼 쩟 뻴나?

# PART V

## 공항에서 숙소로

세관 검사를 마치게 되면 입국절차는 끝나게 됩니다. 이제부터는 외국 공항에서 숙소로 이동하는 상황을 가정하여 상황들을 설정해 보았습니다. 환전의 경우는 일반적으로 한국에서 미리 하는 것이 편하고 수수료를 할인 받을 수 있어서 유리합니다. 관광안내소(tourist information)에는 관광가이드나 시내의 지도 등이 무료로 제공되므로 필요한 정보를 모으도록 합니다.

01 환전
02 관광안내소 이용하기
03 숙소로 이동하기

# 01 환전(Exchange)

1. 환전소는 어디에 있습니까?
   កន្លែងប្ដូរលុយនៅឯណា?
   껀라엥 쁘도우 루이 너으 아에 나?

2. 어디에서 환전할 수 있습니까?
   ខ្ញុំអាច ប្ដូរលុយនៅឯណា?
   크놈 아잇 쁘도우 루이 너으 아에 나?

3. 이것을 달러로 바꿔 주세요.
   សូមប្ដូរវា ជាដុល្លា។
   쏨 쁘도우 위어 찌어 돌라.

4. 여행자수표를 현금으로 바꿔 주세요.
   សូមប្ដូរជា លុយសែក។
   쏨 쁘도우 찌어 루이싸엑

5. 한화를 미화로 바꿔 주세요.

   សូមប្ដូរលុយវ៉ុន ជាដុល្លា។
   쏨 쁘도우 루이원 찌어 돌라.

6. 잔돈으로 바꿔 주세요.

   សូមប្ដូរយកលុយរាយ។
   쏨 쁘도우 욕 루이 리어이.

7. 20불하고 10불짜리로요.

   ក្រដាស ២០ដុល្លា និង ១០ដុល្លា។
   끄로다 머파이 돌라 능 덥 돌라.

8. 달러 / 리엘로 바꿔 주세요.

   សូមប្ដូរជា រៀល / ដុល្លា។
   쏨 쁘도우 찌어 리엘 / 돌라.

9. 오늘 환율은 얼마입니까?

   ថ្ងៃនេះអត្រាប្ដូរប្រាក់ប៉ុន្មានដែរ?
   틍아이 니 아뜨라 쁘도우 쁘락 뿐만 다에?

# 02 관광안내소 이용하기

### 1. 관광 안내소가 어디에 있습니까?
**តើការិយាល័យពតិមានទេសចរណ៍ នៅឯណា?**
따으 까리야라이 퍼미은 떼쎄쩌 너으 아에 나?

### 2. 시내지도 좀 주십시오.
**សូមអោយ ផែនទី ទីក្រុង ។**
쏨 아오이 파인띠 띠끄롱.

### 3. 앙코르호텔은 어디에 있습니까?
**តេសណ្ឋាគារអង្គរមាននៅកន្លែងណា?**
따으 싼타끼어 앙꼬 미은 너으 껀라엥 나?

### 4. 값싸고 깨끗한 호텔 좀 소개해 주세요?
※ 공항에서 가까운 호텔/시내에서 가까운 호텔
**សូមជួយណែនាំសណ្ឋាគារណាដែលស្អាត ហើយមានតំលៃថោក?**
쏨 쭈어이 나에노암 싼타끼어나 다엘 싸앗 하으이 미은 덤 라이 타옥?

※ សណ្ឋាគារនៅជិតព្រលានយន្តហោះ. សណ្ឋាគារជិតទីប្រជុំជន
싼타끼어 너으 쯧 쁘리안윤허, 싼타끼어 쯧 띠브러쭘쭌

## 5. 이 곳에서 호텔을 예약할 수 있습니까?
តើនៅកន្លែងនេះអាចកក់សណ្ឋាគារបានទេ?
따으 너으 껀라엥 니 아잇 꺽 싼타끼어 반 떼?

## 6. 시내로 가려면 어떻게 해야 합니까?
បើទៅទីប្រជុំជន តើត្រូវធ្វើយ៉ាងម៉េច?
바으 떠으 띠브러쭘쭌 따으 뜨러으 트워 양멧?

## 7. 시내까지 툭툭비는 얼마나 할까요?
ទៅជីប្រជុំជន ធុកធុក តំលៃប៉ុន្មាន?
떠으 찌 브러쭘쭌 툭툭 덤라이 쁜만?

## 8. 매표소는 어디에 있습니까?
តើកន្លែងលក់សំបុត្រចូលទស្សនាមាននៅកន្លែងណា?
따으 껀라엥 루억 썸봇 쪼울 뚜어쓰나 미언 너으 껀라엥 나?

# 03 숙소로 이동하기

1. 택시를 타는 곳이 어디입니까?
   តើកន្លែង ជិះ ឡាន តាក់ស៊ី នៅឯណា?
   따으 껀라엥 찌 란 딱시 너으 아에 나?

2. 어디로 가십니까?
   តើលោកទៅឯណា?
   따으 록 떠으 아에 나?

3. 앙코르호텔로 갑시다.
   សូមទៅសណ្ឋាគារអង្គរ។
   쏨 떠으 싼타끼어 앙꼬.

4. (주소지를 가리키며) 이곳으로 갑시다.
   សូមទៅទីនេះ។
   쏨 떠으 띠 니.

5. 택시 요금은 얼마입니까?
   តើ តំលៃឈ្នួលតាក់ស៊ី តំលៃប៉ុន្មាន?
   따으 덤라이 츠누얼 딱씨 덤라이 뽄만?

6. 시간이 얼마나 걸립니까?
   ចំណាយពេលប៉ុន្មាន?
   쩜나이 뻴 뽄만?

7. 그곳에 도착하면 알려주세요.
   ពេលទៅដល់ទីនោះ សូមប្រាប់ផង ។
   뻴 떠으 덜 띠누 쏨쁘랍 펑.

# PART VI

## 숙박

01 숙박시설 찾기
02 예약하기
03 체크 인
04 서비스 이용
05 호텔 트러블
06 시설 이용 및 문의
07 체크 아웃
08 게스트 하우스 이용하기
09 모닝 콜

## 숙박카드 작성

### 1. 이 카드에 기입해 주시겠어요?
សូមបំពេញលើក្រដាសនេះ?
쏨 범뻰 르 끄러다 니?

### 2. 어떻게 기입해야 합니까?
តើត្រូវបំពេញ យ៉ាងមិច?
따으 크놈 뜨러으 범뻰 양몟?

3. 네. 성함과 주소만 기입해 주시면 나머지는 제가 써 드리죠.

បាទ / ចាស៎. សូមបំពេញ ឈ្មោះ និង អាស័យដ្ឋានដោការស្រេច ។

바/짜, 쏨 범뻰h 츠무어 능 아싸이탄 찌어 까쓰럿

4. 감사합니다.

អរគុណ ។

어꾼

## TIP 숙박시설의 종류

여행의 가장 큰 부분을 차지하는 것 중 하나가 현지에서의 숙소입니다. 의사소통이 제대로 되지 않는 외국에서 숙소가 해결되지 않는다는 것은 그 나라의 치안수준에 따라서 여행객의 안전과도 직결되는 부분이기에 매우 중요한 부분입니다. 현지에서의 숙소의 위치는 여행동선을 결정하는 데 있어서도 큰 부분을 차지하며 여행의 유형과 예산에 따라서 숙박시설의 유형은 크게 달라집니다. 숙박시설은 크게 가격대에 따라서 호텔, 게스트하우스, 민박 등으로 크게 나눌 수 있습니다. 그런데 캄보디아에서는 아직 민박은 활성화 되지 않은 상황이고 현지인 게스트하우스와 한국인이 운영하는 게스트하우스가 각각의 특성을 갖고 있습니다.

## TIP 캄보디아 숙소

　캄보디아를 여행하는 분들이라면 대부분이 앙코르 유적지가 있는 씨엠립을 찾기에 씨엠립 숙소 위주로 소개를 해 드리겠습니다. 씨엠리업은 다양한 형태의 숙소들이 있습니다. 소피텔, 그랜드 앙코르, 판씨 등을 포함한 최고급 호텔들이 있는 반면 목조 가옥을 개조해 저렴한 숙박을 제공하는 곳까지 다양합니다. 씨엠리업의 숙소는 싸게는 5달러부터 비싸게는 200달러를 호가합니다.

　여행자 숙소들이 모여 있는 곳으로는 전통적으로 여행자 숙소들이 몰려있던 왓보 Wat Bo 거리와 구시장 Old Market 주변을 포함해 최근 들어 여행자 숙소들이 하나 둘 생겨나고 있는 6번도로 상의 타풀 거리 Taphul St.와 시와타 거리 Sivatha St.가 있습니다.

타풀 거리 : 공항으로 이어지는 6번 도로에서 씨엠립 강의 다리를 건너기 전에 보이는 칼텍스 주요소/스타마트 편의점과 연결된 오른쪽 골목으로 몰리나 호텔, 파리스 앙코르 호텔, 앙코르 왓 게스트하우스, 구마모토 게스트하우스, 걸리버 게스트하우스, 스마일리 게스트하우스, 마미 게스트하우스 등 값싸고 깨끗한 숙소들이 차례로 들어서 있습니다.

시와타 거리 : 6번 도로에서 구시장으로 이어지는 도로 씨엠립에서 제일 먼저 생겨난 신호등이 있는 사거리에서 우측에 위치한 도로입니다. 꿀렌 2 Kulen 2 압살라 레스토랑, 패밀리 게스트하우스, 메콩 은행, 다라 게스트

하우스, 그린 가든 홈 게스트하우스, 데드 피쉬 레스토랑, 캄보디아 상업은행, 바콩 게스트하우스 등이 위치해 있습니다.

왓 보 거리 : 다리 건너 씨엠리업 강 우측편에 위치한 거리로 바온 레스토랑을 시점으로 맘스 게스트하우스, 선라이스 게스트하우스, 마호가니 게스트하우스, 앙코르 톰 게스트하우스, 그린 파크 게스트하우스, 홈 스윗 홈 게스트 하우스, 치앙 마이 레스토랑, 치윗타이 레스토랑이 등이 위치해있습니다.

외교통상부 여권과(02-2100-7593) www. 0404.go.kr

## TIP 한인업소

씨엠리업에 운영 중인 한인 업소는 글로벌, 걸리버, 서울가든 게스트하우스, 앙코르 톰 호텔 등이 있다. 걸리버 게스트 하우스는 여행자 숙소들이 많이 몰려 있는 타풀 거리에 있으며, 글로벌과 서울까든은 6번 국도 상에 위치합니다. 모두 도미토리, 팬룸, 에어컨 룸을 갖고 있는 곳으로 글로벌과 서울 가든은 차체 차량을 태국 국경까지 운행하며, 걸리버는 다양한 음식을 즐길 수 있는 레스토랑이 매우 편한 느낌을 줍니다. 앙코르 톰 호텔은 저렴한 가격으로 각 객실마다 인터넷 이용이 가능해서 젊은 이들에게 인기가 있습니다.

외교통상부 여권과(02-2100-7593) www. 0404.go.kr

# 숙박시설 찾기

1. 근처에 호텔이 있습니까?
   ※ 게스트 하우스
   **តើនៅជិតនេះមានសណ្ឋាគារទេ ?**
   따으 너으 쯧 니 미은 썬떠끼어 떼?
   ※**ផ្ទះសំណាក់** 프떼아 썸낙

2. 예약할 수 있습니까?
   **តើអាចកក់ទុកបានទេ?**
   따으 아잇 꺼 똑 반떼?

3. 어떤 방을 원하십니까?
   **តើអ្នកចង់បានបន្ទប់អ្វី?**
   따으 네악 쩡반 본똡 어와이?

4. 앙코르호텔은 어디에 있습니까?

   តើសណ្ឋាគារអង្គរមាននៅកន្លែងណា?

   따으 싼타끼어 앙꼬 미은 너으 껀라엥 나?

5. 다른 호텔을 소개해 주세요.

   សូមអោយណែនាំសណ្ឋាគារផ្សេងទៀត ។

   쏨 아오이 나에노암 싼타끼어 프쌩 띠읏.

## 02 예약하기

1. 방을 예약하고 싶습니다.
   ខ្ញុំចង់ កក់ទុកបន្ទប់ ។
   크놈 쩡 꺼 뚝 본똡.

2. 20일로 예약하려고 하는데, 빈방이 있나요?
   ខ្ញុំនឹងកក់ទុកបន្ទប់ថ្ងៃទី២០ ។
   크놈 능 꺼 뚝 본똡 틍아이 띠 머파이.

   តើមានបន្ទប់ទំនេរទេ?
   따으 미은 본똡 뚬네 떼?

3. 며칠 동안 계실 건가요?
   តើអ្នកចង់ស្នាក់នៅប៉ុន្មានថ្ងៃទេ?
   따으 네악 쩡 스낙느으 뽄만 틍아이 떼?

4. 2일 / 3일입니다.
   ខ្ញុំចង់ ស្នាក់នៅ ២ថ្ងៃ / ៣ថ្ងៃ
   크놈 쩡 스낙느으 삐 틍아이 / 바이 틍아이.

5. 숙박요금이 얼마입니까?
   តើ តំលៃ ការស្នាក់អាស្រ័យថ្លៃប៉ុន្មាន?
   따으 덤라이 까 스낙 아쓰라이 틀라이 뽄만?

6. 요금에 조식(아침식사)이 포함되어 있나요?
   តើតំលៃនេះ រួមបញ្ចូលទាំងអាហារពេលព្រឹកទេ?
   따으 덤라이 니 루엄 반쪼올 떼앙 아하뻴쁘륵 떼?

Ⅵ. 숙박 95

## 03 체크 인

1. 체크인 하려고 합니다.
   ខ្ញុំចង់ ឆេក អុីន ។
   크늄 쩡 체크인

2. 예약하셨습니까?
   តើអ្នកបានកក់ទុកហើយឬ?
   따으 네악 반 꺼 똑 하으이 르?

   តើលោក / អ្នកបានកក់រួចហើយឬនៅ?
   따으 록/ 네악 반 꺽 루엇 하으이 르 너으?

3. 예약하였습니다.
   កក់ទុកហើយ ។
   꺼 똑 하으이.

4. 전망 좋은 방으로 주세요.
   សូមអោយបន្ទប់ទិដ្ឋភាពល្អ។
   쏨 아오이 번똡떼쎄피읍 러어.

5. 성함이 어떻게 되세요?
   តើអ្នកឈ្មោះ អ្វី?
   따으 네악 츠무어 어와이?

6. 김나영입니다.
   ខ្ញុំឈ្មោះគីមណាយេីង។
   크놈 츠무어 김나영.

7. 2인실 예약하셨죠?
   តើបានកក់បន្ទប់សំរាប់ ២នាក់មែនទេ?
   따으 꺽 번똡 썸랍 삐네악 멘떼?

8. 이틀 묵을 거예요.
   ខ្ញុំនឹងស្នាក់នៅ ២ថ្ងៃ។
   크놈 능 스낙너으 삐 틍아이.

9. 숙박카드를 기록해 주세요.
   សូមសរសេរក្រដាសនេះ។
   쏨 써쎄이 끄러다 니

# 04 서비스 이용

1. 7시에 모닝콜을 부탁합니다.
   សូមទូស័ព្ទដាស់ខ្ញុំ ម៉ោង ៧ព្រឹកផង ។
   쏨 뚜러삽 닷 크뇸 마옹 쁘람뻴 쁘륵 펑.

2. 룸서비스를 부탁합니다.
   ខ្ញុំត្រូវការ រូមសីរីវីស ។
   크뇸 뜨러으 까 룸 서비스.

3. 내일 아침 8시에 아침을 먹고 싶은데요.
   ខ្ញុំចង់ញ៉ាំអាហារពេលព្រឹក ម៉ោង ៨ ស្អែក ។
   크뇸 쩡 냠 아하 뻴쁘륵 마옹 쁘람바이 싸엑.

4. 여기는 1234호실입니다.
   បន្ទប់នេះលេខ១២៣៤ ។
   본똡 니 레잇 머뽀안 삐로이 삼썹 부운.

5. 마실 따뜻한 물이 필요합니다.
   ខ្ញុំ ត្រូវការ ទឹកក្តៅដើម្បីផឹក ។
   크놈 뜨러으 까 뚝 끄다으 담바이 퍽.

6. 식당 예약 좀 해주시겠습니까?
   តើអាចកក់ទុកភោជនីយដ្ឋានបានទេ?
   따으 아잇 꺼 뚝 포츠니어탄 반 떼?

7. 이건 팁입니다.
   នេះគឺជាលុយក្រៅ ។
   니 끄 찌어 루이 끄라으.

 호텔 트러블

1. 방을 바꾸고 싶습니다.
   ខ្ញុំចង់ដូរបន្ទប់ ។
   크놈 쩡 도우 본똡.

2. 방이 너무 더워요/추워요.
   បន្ទប់នេះក្តៅពេក/ ត្រជាក់ពេក ។
   본똡 니 끄다으 빽/ 뜨러쩨악 빽.

3. 에어컨이 고장났어요.
   ម៉ាស៊ីនត្រជាក់ខូចហើយ ។
   머씬 뜨러쩨악 코잇 하으이.

4. TV가 고장났어요.
   ទូរទស្សន៍ ខូចហើយ ។
   뚜러뚜어 코잇 하으이.

5. 창문이 안 열려요.

   បង្អួចអត់បានបើកទេ ។

   벙우잇 엇 반 바으ㄱ 떼.

6. 이불이 부족해요.

   ភួយមិនគ្រប់គ្រាន់ ។

   푸이 믄 끄룹끄로안.

7. 열쇠를 방에 두고 왔어요.

   ខ្ញុំភ្លេច សោរនៅក្នុងបន្ទប់ហើយ ។

   크놈 플렛 싸오 너으 크농 본똡 하으이.

#  시설 이용 및 문의

1. 여기 세탁 서비스 있어요?
   នៅទីនេះ មានសេវាបោកអ៊ុតទេ?
   너으 띠니 미은 쎄와 바옥웃 떼?

2. 식당은 어디입니까?
   ភោជនីយដ្ឋាននៅឯណា?
   포츠니어탄 너으 아에 나?

3. 바는 언제까지 합니까?
   តើបា បើកដល់ម៉ោងប៉ុន្មាន?
   따으 바 바으ㄱ 덜 마옹 쁜만?

4. 여기 인터넷을 사용할 수 있나요?
   ទីនេះអាចប្រើ អ៊ីធឺណិតបានទេ?
   띠니 아잇 쁘라으 인터넷 반떼?

5. 어디서 팩스를 보낼 수 있나요?
   តើអាចផ្ញើរ ហ្វាក់បាននៅឯណា?
   따으 아잇 핑야으 흐왓 반 너으 아에나?

6. 근처에 맛있는 곳이 있나요?
   តើមានភោជនីយដ្ឋានឆ្ងាញ់ ទេ ?
   따으 미은 포츠니어탄 층안 떼?

7. 근처에 가볼 만한 곳이 있나요?
   តើមានកន្លែង ទៅលេងទេ ?
   따으 미은 껀라엥 떠으 레잉 떼?

#  체크 아웃

1. 몇 시에 체크아웃 해야 하나요?
   តើត្រូវ ឆេកអៅ ម៉ោងប៉ុន្មាន?
   따으 뜨러으 체크 아웃 마옹 쁜만?

2. 12시 전에요.
   មុនម៉ោង ១២ ។
   문 마옹 덥삐.

3. 이 가방을 그 곳에 좀 보관해 주세요.
   សូមជួយ ទុកកាបូបទីនោះផង ។
   쏨 쭈어이 뚝 까봅 띠누 펑

4. 네, 몇 시쯤 찾으러 오실 거죠?
   បាទ / ចាស៎. មកយកម៉ោងប៉ុន្មានដែរ?
   바/짜, 목 욕 마옹 쁜만 다에?

5. 체크 아웃하려고 합니다.
   ខ្ញុំចង់ ឆែកអៅ ។
   크놈 쩡 체크 아웃.

6. 이틀 더 숙박하려고 합니다.
   ខ្ញុំចង់ ស្នាក់នៅ ២ថ្ងៃទៀត ។
   크놈 쩡 스낙너으 삐 틍아이 띠읏.

7. 하루 일찍 체크아웃 하려고 합니다.
   ខ្ញុំចង់ ឆែកអៅ មុន ១ថ្ងៃ ។
   크놈 쩡 체크아웃 문 모이틍아이.

8. 택시 한 대 불러주세요.
   សូមហៅ ឡានតាក់ស៊ីមួយ.
   쏨 하으 란 딱씨 모이!

#  게스트 하우스 이용하기

1. 안녕하세요. 도와드릴까요?

   សាយ័ណ្ហសួស្តី, តើលោក / អ្នកត្រូវការអ្វីដែរ?

   사온 쑤어스다이, 따으 록/네악 뜨러으까 어와이 다에?

2. 네, 체크 인을 하려고 합니다.

   បាទ / ចាស់, ខ្ញុំចង់ ឆេកអ៊ិន ។

   바/짜, 크놈 쩡 체크 인

3. 예약은 하셨습니까?

   តើអ្នកបានកក់ទុកហើយឬ?

   따으 네악 반 꺼똑 하으이 르?

4. 사흘간 예약했습니다. 내 이름은 김나영입니다.

   ខ្ញុំបានកក់ទុកបីថ្ងៃ ។

   크놈 반 꺼 똑 바이 틍아이.

   ខ្ញុំឈ្មោះគីមណាយើង ។

   크놈 츠무어 김나영.

5. 잠깐만 기다려 주십시오.
   សូមរង់ចាំមួយភ្លេត។
   쏨 롱 짬 모이 플렛.

6. 아, 네. 트윈 하나군요. 맞죠?
   បន្ទប់ ធ្វីន ត្រូវទេ?
   번똡 트윈 뜨러으 떼?

7. 여보세요. 오늘 저녁 묵을 방이 있습니까?
   អាឡូ, តើមានបន្ទប់ទំនេរ សំរាប់យប់នេះទេ?
   알로우, 따으 미은 번똡 뚬네 썸랍 욥니떼?

8. 어떤 방을 원하십니까?
   តើត្រូវការបន្ទប់យ៉ាងណាដែរ?
   따으 뜨러으 까 번똡 양나 다에?

9. 트윈 룸(싱글/더블)이 필요 합니다.
   ខ្ញុំចង់បាន បន្ទប់ ធ្វីន ( ស៊ីងហ្គល, ដាប់បល ) ។
   크놈 쩡반 번똡 트윈 ( 싱글/ 더블)

10. 잠깐만 기다려 주십시오.
    សូមរង់ចាំមួយភ្លេត។
    쏨 롱 짬 모이 플렛.

11. 방이 모두 찬 것 같군요.
    បន្ទប់ ទាំងអស់ពេញហើយ ។
    본똡 떼앙아 뻰 하으이.

12. 지금 비어 있는 건 스위트 룸뿐입니다.
    ឥឡូវមានតែ បន្ទប់ស្វីតទេ ដែលទំនេរ ។
    엘르 미은 따에 번똡 스위트떼 다엘 뚬네?

13. 그 방의 요금은 얼마입니까?
    តើបន្ទប់វាថ្លៃប៉ុន្មាន?
    따으 본똡 위어 틀라이 쁜만?

 모닝 콜

1. 내일 아침 7시에 깨워 주셨으면 합니다.
   សូមដាស់ខ្ញុំម៉ោង ៧ព្រឹកផង ។
   쏨 닥 크놈 마옹 쁘람삘 쁘륵 펑.

2. 성함과 방 번호를 가르쳐 주시겠습니까?
   សូមប្រាប់ឈ្មោះ និង លេខបន្ទប់ លោក / អ្នក ។
   쏨 쁘랍 츠무어 능 레잇번똡 록/ 네악.

3. 123호실의 미스터박입니다.
   ខ្ញុំលោក ផាក់ បន្ទប់លេខ ១២៣ ។
   크놈 록 박 번똡 레잇 모이뻬바이.

# PART  교통수단

여행계획을 세우실 때, 시간을 너무 촉박하게 계산하지 마세요. 한국에서 아무리 스케줄을 철저하게 점검하고 가셔도, 막상 여행지에 도착하시면 전혀 예상하지 못했던 다양한 해프닝이 생기기 마련이거든요. 숙소에서의 체크인/아웃시간도 염두 해 두어야 하고, 공항/버스정류장 등 각 교통수단별 대기시간이 예상외로 오래 걸릴 수 있음을 고려하셔야 합니다.

01 길 묻기
02 택시 타기
03 버스 타기
04 렌터카 이용하기

## 비행기

 캄보디아를 여행하는 분들 중 많은 분들이 인접국인 태국이나 라오스, 베트남을 연계해서 여행을 하게 되는데요. 그 때 각종 저가 항공을 많이 이용하게 됩니다. 한국에서 티켓팅하는 것보다 현지여행가를 통해 저렴한 항공을 찾아보는 것도 알뜰 여행에 도움이 될 겁니다. 그리고 캄보디아 여행객들의 대부분은 앙코르 왓이 있는 씨엠립으로 가는데 혹시 장기 휴가를 받은 경우 수도 프놈펜이나 아름다운 해변 씨아눅빌 등도 추천하고 싶은 곳입니다. 캄보디아가 아직 도로 교통이 좋지 않아 버스 보다는 비행기 이용이 시간 절약 면에서 좋습니다.

 http://www.cambodia-airports.com/ 홈페이지에 들어가면 캄보디아 국내선 시간을 자세히 확인할 수 있고 예약도 가능합니다.

## 툭툭

 시내 안에서 가까운 거리를 이동하기에 편리해요. 먼 거리를 이동하기엔 먼지를 많이 둘러써야 하고 허리가 아프다는 단점이 있지만 가까운 거리는 좋은 경험이 될 겁니다. 보통 단거리 잠깐 가는 비용은 1~2불, 시내 이동 하루 비용은 10~15불입니다. 길거리에서 바로 잡을 수도 있고 여행사나 호텔을 통해 부를 수도 있습니다. 아무래도 정찰제가 아니다보니 길거리에서 잡는 툭툭은 바가지 요금을 내게되는 경우가 많습니다. 따라서 현지에 살고있는 한국인들은 주로 흥정을 한 후에 가격이 맞을 경우 탑승을 하곤 합니다.

### 자가용택시

툭툭이 현지 분위기를 낼 수 있다는 장점은 있지만 먼지도 많고 더운 날씨에서 여행을 하려면 교통편은 매우 중요합니다. 따라서 운전기사가 함께 있는 자가용 택시를 렌트 하는 경우가 많은데요. 운전기사 중에는 한국어를 잘 하는 운전기사도 있습니다. 따라서 사전에 예약을 하고 가면 편리한 여행을 할 수 있습니다. 자가용택시 한 대에 하루 25불이구요. 장거리일 경우 추가 요금도 있습니다.

### 버스

캄보디아 내에는 아직 시내버스는 없고, 시외버스만 있습니다. 시외버스도 도로 환경이 좋지 않기 때문에 대부분 새벽 일찍 첫 차가 있고 오후 2시 정도가 막차인 경우가 많습니다. 시외버스는 등급별로 차의 상태가 조금

씩 차이가 있는데 현재 캄보디아 내에서는 메콩익스프레스가 가장 좋은 시외버스로 차 내에 화장실이 있고 중간에 간식 제공도 됩니다. 프놈펜 씨엠립 기준 보통 5시간 30분 가량 걸리며 비용은 1인 10불 정도입니다.

## TIP 패키지와 개인 여행가이드

- 패키지

자유여행이 불안하시다면, 패키지를 이용하시는 것도 좋아요. 국내 여행사 또는 미국 여행사별로 꼼꼼히 알아보시면, 저렴하면서도 다양한 패키지가 있어요. 항공과 숙박만을 묶어 놓거나, 여행지 사이의 이동까지 포함되어 있는 것 등 여러 가지가 있으니 자신에게 맞는 것을 선택하시면 되요.

주요여행지는 패키지로 관광하신 후, 조금 더 자세히 보고 싶으신 곳이나, 패키지에 포함되어 있지 않은 여행지를 자유 관광하시는 것도 좋아요. 지역에 따라 굳이 패키지를 이용하지 않고 대중교통만으로 쉽게 다닐 수 있는 곳도 있으니 지역특성을 잘 알아보세요.

- 개인여행가이드

개인여행가이드를 통해 여행을 하시면 가격이 비싼 편이지만, 좀 더 안전하고 편안하게 여행하실 수 있고, 숨겨진 명소나 잘 알려지지 않은 맛집 등을 가실 수 있어요. 한국어를 하는 가이드는 보통 1일 50불, 영어 가능 가이드는 1일 30불 정도가 기본입니다. 가격은 인원수에 상관없이 일당으로 책정하기 때문에 배낭여행객으로 가이드비용이 부담스럽다 싶으면 미리 인터넷 등에서 쉐어할 수 있는 맴버를 찾는 것도 좋습니다. 주로 네이버까페 '캄보디아배낭여행기'를 추천합니다. http://cafe.naver.com/jiniteacher 믿을만한 가이드들이 추천돼 있고 개개인에 대한 후기도 있습니다.

# PART VII 길 묻기

## 01 길 묻기

### 일반적인 길 묻기

1. 말씀 좀 묻겠습니다. 화장실이 어디죠?
   សូមសួររម្យួយបានទេ? តើបន្ទប់ទឹកមាននៅកន្លែងណា ?
   쏨 쑤어 모이 반 떼? 따으 본똡뜩 미은 너으 껀라엥 나?

2. 오른쪽으로 돌면 있습니다.
   សូមបត់ស្តាំ។
   쏨 벗스담

3. 관광 안내소는 어디인가요?
   តើការិយាល័យពតិមានទេសចរណ៍នៅឯណា?
   따으 까리야리 뽀라미은 떼쎄쩌 너으 아에나?

4. 버스 타는 곳은 어디인가요?
   តើកន្លែង ជិះ ឡានក្រុង នៅឯណា?
   따으 껀라엥 찍 란 끄롱 너으 아에 나?

116 여행회화 가이드(캄보디아편)

5. 이 근처에 은행/우체국/경찰서가 있어요?
   តើនៅជិតនេះមាន ធនាគារ / ប៉ុស្តិ៍ប្រៃសណីយ៍ / ប៉ុស្តិ៍ប៉ូលីស ទេ ?
   뜨으 너으 쯧 니 미은 토니어끼어/ 뽀 뽀레쓰네이/ 뽀 뿔리 떼?

6. 그 곳까지는 얼마나 걸립니까?
   តើទៅទី ទីនោះ ចំណាយពេលប៉ុន្មាន?
   뜨으 떠으 띠 띠 노으 쩜나이 뻴 뽄만?

### 길을 잃었을 때

1. 길을 잃어버렸어요.
   ខ្ញុំ វង្វេងផ្លូវ ។
   크놈 웽 웽 플러으.

2. 지금 제가 있는 곳이 어디인가요?
   ទីនេះកន្លែងណា ?
   띠 니 껀라엥 나?

3. 역으로 가는 길을 가르쳐주세요.
   សូមប្រាប់ផ្លូវ ខ្ញុំទៅស្ថានីយ៍ ។
   쏨 쁘랍 플러으 크놈 떠으 스타니.

VII. 교통수단 117

### 4. 앙코르호텔에 가려면 어떻게 해야 합니까?
តើទៅ សណ្ឋាគារអង្គរ យ៉ាងម៉េច?
따으 떠으 썬따끼어 앙꼬 양멧?

### 5. 약도 좀 그려줄 수 있나요?
តើអ្នកអាចគូរវ៉ែផែនទី អោយបានទេ?
따으 네악 아잇 꾸 파엔띠 아오이 반떼?

### 6. (지도를 보며) 여기는 어떻게 가면 되나요?
តើទៅយ៉ាងម៉េច ( មើលផែនទី)?
따으 떠으 양멧 (멀 파엔띠)?

### 7. 이 거리의 이름은 무엇입니까?
ផ្លូវនេះឈ្មោះអ្វី?
플러으 니 츠무어 어와이?

# 02 택시 타기

### 택시 타기 전에

1. 택시 타는 곳은 어디인가요?
   តើកន្លែង ជិះ ឡាន តាក់ស៊ី នៅឯណា?
   따으 껀라엥 찍 란 딱시 너으 아에 나?

2. 택시 좀 잡아주시겠습니까?
   សូមហៅ ឡានតាក់ស៊ី។
   쏨 하으 란 딱씨!

3. 트렁크를 열어주세요.
   សូមបើក កូតឡាន។
   쏨 바옥 꼬옫란.

4. 앙코르호텔까지 얼마인가요? (가격)
   ពី ទីនេះទៅសណ្ឋាគារអង្គរតំលៃប៉ុន្មាន?
   삐 띠 니 떠으 썬따끼어 앙코 덤라이 쁜만?

5. 앙코르호텔까지 얼마나 걸립니까? (시간)
   ពី ទីនេះទៅសណ្ឋាគារអង្គរចំណាយពេលប៉ុន្មានដែរ?
   삐 띠 니 떠으 썬따끼어 앙꼬 쩜나이 뻴 쁜만 다에?

6. 짐 좀 트렁크에 넣어주시겠어요?
   សូមដាក់ឥវ៉ាន់ ក្នុងតូតឡានផង ។
   쏨 닥 에이완 크농 꼬온란 펑.

### 택시 안에서

1. 어디로 가시겠습니까?
   ចង់ទៅណា ?
   쩡 떠으 나?

2. (주소를 보이며) 이 주소로 가주세요.
   សូមទៅ អាស័យដ្ឋាននេះ ។
   쏨 떠으 아싸이어탄 니.

3. 올드 마켓으로 가주세요.
   សូមទៅផ្សារចាស់ ។
   쏨 떠으 프싸 짜.

4. 가장 가까운 길로 가주세요.
   សូមទៅផ្លូវជិតជាងគេ ។
   쏨 떠으 플러으 쯧 찌응 께.

5. 여기서 세워주세요.
   សូមឈប់ ទីនេះ ។
   쏨 촙 띠 니.

6. 저 모퉁이에서 세워주세요.
   ដល់ផ្លូវកាត់ជ្រុងឈប់.
   덜 플러으 깟 쯔룽 촙.

7. 좀더 앞까지 가주세요.
   សូមទៅទៀតខាងមុខ ។
   쏨 떠으 띠읏 캉 목,

8. 좀 천천히 가주세요.
   សូមទៅយឺតៗ ។
   쏨 떠으 여읏 여읏

9. 여기서 기다려주시겠어요?
   សូម រង់ចាំ នៅទីនេះ ។
   쏨 롱짬 너으 띠 니

Ⅶ. 교통수단 121

## PART VII 택시 타기

**10. 얼마입니까?**
តើថ្លៃប៉ុន្មាន?
따으 틀라이 뽄만?

**11. 영수증을 끊어주세요.**
សូមអោយវិក័យប័ត្រ។
쏨 아오이 위까이어밧.

# 03 버스 타기

### 장거리버스

1. 시외버스는 어디에서 탑니까?
   តេខ្ញុំ និង ជិះ ឡានក្រុង នៅឯណា?
   따으 크놈 능 찍 란끄롱 너으 아에 나?

2. 버스 터미널은 어디입니까?
   តេ ចំណតឡានក្រុង នៅឯណា?
   따으 쩜노앗 란끄롱 너으 아에 나?

3. 매표소는 어디입니까?
   តើកន្លែងលក់សំបុត្រចូលទស្សនា នៅឯណា?
   따으 껀라엥 루억 썸봇 쪼울 뚜어쓰나 너으 아에 나?

4. 프놈펜에 가는 직행버스 있나요?
   តើមានឡានក្រុងដេរ៉េក ទៅភ្នំពេញទេ?
   따으 미은 란그롱 다이렉 떠으 프놈펜 떼?

## 5. 킬링필드까지 방문하는 투어가 있습니까?
តើមានទូរទស្សនា សារៈមន្ទីរទួលស្លែងទេ?
따으 미은 투어 투사나 쌀라문띠 뚜얼스렝 떼?

## 6. 투어는 몇 시에 어디서 시작합니까?
តើទូរចាប់ផ្ដើមម៉ោងប៉ុន្មាន នៅឯណា?
따으 투어 짭쁘담 마옹 쁜만 너으 아에 나?

##  렌터카 이용하기

### 차 빌리기

1. 차를 빌리려고 하는데요.
   ខ្ញុំ ចង់ខ្ជីឡានមួយ ។
   크놈 쩡 크짜이 란 모이.

2. 어떤 차종을 원하세요?
   តេចង់ខ្ជីឡានប្រភេទអ្វី?
   따으 쩡 크짜이 란 프로페엣 어와이?

3. 며칠 빌릴 건가요?
   តេចង់ខ្ជីប៉ុន្មានថ្ងៃ?
   따으 쩡 크짜이 뽄만 틍아이?

4. 차를 3일간 빌리고 싶습니다.
   ខ្ញុំ ចង់ខ្ជីឡាន៣ថ្ងៃ ។
   크놈 쩡 크짜이 란 바이 틍아이.

### 5. 소형차/중형차로 주세요.

ខ្ញុំយក ឡានធន់តូច / ឡានធន់កណ្ដាល ។

크놈 욕 란 톤 또잇 / 란 톤 껀달.

### 6. 오토매틱/수동으로 주세요.

ខ្ញុំយក ឡានលេខអូតូ / លេខដៃ ។

크놈 욕 란 렉 오또 / 렉 다으

### 7. 운전기사가 있습니까?

មានអ្នកបើកឡានទេ?

미은 네악 바욱란 떼?

### 8. 하루/일주일 빌리는데 요금이 얼마입니까?

ជួល មួយថ្ងៃ / មួយអាទិត្យ ថ្លៃប៉ុន្មាន?

쭈얼 모이 틍아이/ 모이 아뜻 틀라이 쁜만?

### 9. 보험은 어떻게 되나요?

ចុះធានារ៉ាប់រងវិញ?

쪼- 토니아랍렁 원?

### 10. 기본보험/종합보험으로 부탁합니다.

ខ្ញុំចង់បាន ធានារ៉ាប់រង ស្តែនដាត / ធានារ៉ាប់រងរួម ។

크놈 쩡반 토니아랍렁 스텐닷/ 토니아랍렁 루엄.

### 주유, 주차할 때

1. 이 근처에 주유소가 있습니까?
   តើនៅជិតនេះមានហាងសាំង ទេ ?
   따으 너으 쯧 니 미은 항 쌍 떼?

2. 가득/30달러어치만 넣어주세요.
   សូមចាក់អោយពេញ / តំលៃ ៣០ ដុល្លា ។
   쏨 짝 아오이 뻰 / 덤라이 쌈썹돌라

3. 여기에 주차해도 됩니까?
   ចតទីនេះបានទេ?
   쩌엇 띠니 반떼?

4. 한 시간 주차하는 데 얼마인가요?
   ចត មួយម៉ោង យកប៉ុន្មានដែរ?
   쩌엇 모이 마옹 욱 뽄만 다에?

5. 배터리를 체크해 주십시오.
   សូមជួយមើលអាគុយផង ។
   쏨 쭈어이 멀 아꾸이 펑.

## 렌터카 트러블 / 반납

1. 배터리가 떨어졌습니다.
   អាគុយអស់ហើយ ។
   아꾸이 어 하으이.

2. 차가 고장났습니다.
   ឡាននេះខូចហើយ ។
   란 니 코우잇 하으이.

3. 엔진에 문제가 있어요.
   ម៉ាស៊ីនមានបញ្ហាហើយ ។
   머씬 미은 빤냐하 하으이.

4. 타이어에 펑크가 났습니다.
   សំបកកង់ឡាន ធ្លុះហើយ ។
   썸벅 껑란 뜨루 하으이.

5. 여기 긁힌 자국(a scratch)이 있습니다.
   ទីនេះមានស្នាមដាច់ ។
   띠니 미은 스남닷.

6. 시동이 걸리지 않습니다.
   ម៉ាស៊ីនអត់ឆេះទេ ។
   머씬 엇 체스떼.

7. 브레이크가 잘 듣지 않습니다.
 ប្រាំង មិនសូវស្ដីសោះ ។
 쁘랑 믄 쓰워씨 써.

8. 이 차를 반납하고 싶습니다.
 ខ្ញុំចង់សងឡាននេះវិញ ។
 크뇸 쩡 썽 란 원.

9. 문제가 생길 경우 연락할 곳을 가르쳐주십시오.
 ករណីមានបញ្ហា សូមជួយប្រាប់ផង កន្លែងណាអាចទាក់ទងបាន ។
 까라너이 미은빤냐하 쏨 쭈어이 쁘랍 펑 껀라엥 나 아읏 띠웃 또옹 반.

# PART VIII

# 음식 및 식사

01 예약하기
02 식당에서
03 술집에서
04 패스트 푸드점에서

## TIP 음식점 종류와 요리 안내

식사예절(매너)
1. 캄보디아인과 같이 식사할 경우 너무 많은 음식보다는 사람 숫자에 맞는 음식을 주문하는 것이 좋습니다.
2. 한국인들은 보통 식사 후 차나 음료를 마시지만 캄보디아인들은 식사와 함께 음료를 주문합니다. 보통 과일주스를 즐겨 마십니다.
3. 한국에서 국이나 찌개를 먹듯이 여러 사람이 한 접시의 음식을 떠먹는 것은 금물입니다. 뷔페식으로 개인접시에 담아서 먹는 것이 포인트!
4. 캄보디아 음식 중에는 한국인이 먹기 어려운 음식도 있습니다. 주문 후 안먹는 것은 결례가 될 수 있으니 주문 전에 음식에 대한 설명을 충분히 듣기 바랍니다.
5. 캄보디아는 물이 귀한 나라입니다. 식수는 식당에서 서비스로 주는 물 보다는 생수를 주문해서 마시는 것이 위생상 좋습니다.
6. 캄보디아인들은 대부분 식사 전 냅킨으로 수저나 개인접시, 컵 등을 직접 닦습니다. 같이 닦거나 상대방의 것을 닦아주는 것이 예의입니다.
7. 팁은 10~15% 정도가 적당합니다.

## 01 예약하기

### 식당 찾기

1. 이 근처에 괜찮은 레스토랑이 있습니까?
   តើនៅជិតនេះមានភោជនីយដ្ឋានល្អទេ ?
   따으 너으 쯧 니 미은 포츠니어탄 러어 떼?

2. 이 근처에 한국 음식점이 있습니까?
   តើនៅជិតនេះមានភោជនីយដ្ឋានកូរ៉េទេ ?
   따으 너으 쯧 니 미은 포츠니어탄 꼬레 떼?

3. 전통 식당이 있나요?
   តើមានភោជនីយដ្ឋានប្រពៃណី ទេ ?
   따으 미은 포츠니어탄 쁘러뻬이 떼?

4. 싸고 맛있는 가게가 있습니까?
   តើមានភោជនីយដ្ឋានថោកនិងឆ្ងាញ់ ទេ ?
   따으 미은 포츠니어탄 타옥 능 층안 떼?

5. 이 고장의 명물(유명한) 요리를 먹고 싶습니다.
   ខ្ញុំចង់ញ៉ាំមួបឈ្ងាញនៅ ខេត្តនេះ ។
   크놈 쩡 냠 마홉 러바이러반 너으 카엣 니.

6. 유명한 식당은 어디에 있어요?
   ភោជនីយដ្ឋានឈ្ងាញនៅឯណា?
   포츠니어탄 러바이러반 너으 아에 나?

## 식당 예약하기

1. 여기서 예약할 수 있나요?
   អាចកក់បានទេ នៅទីនេះ?
   아잇 꺽 반떼 너으 띠니?

2. 오늘 저녁에 식사를 예약하고 싶습니다.
   ខ្ញុំចង់កក់អាហារ សំរាប់ល្ងាចនេះ ។
   크놈 쩡 꺽 아하 섬랍 릉이읏 니.

3. 일행은 몇 분입니까?
   ប៉ុន្មាននាក់ដែរ?
   뽄만 네악 다에?

4. 저녁 7시에 5명입니다.
 ៥ នាក់ ម៉ោង ៧ ល្ងាច ។
 쁘람 네악 마옹 쁘람삘 릉이읏.

5. 금연석/흡연석으로 부탁합니다.
 ត្រូវការ កន្លែងអង្គុយហាមពិសារបារី / កន្លែងអង្គុយពិសារបារី ។
 뜨러으까 껀라엥꾸이 함 삐사 바라이 / 껀라엥엉꾸이 삐사 바라이

6. 미안합니다. 예약을 취소하고 싶습니다.
 ខ្ញុំសុំទោស ។ ខ្ញុំចង់កន់សែលវិញ ។
 크놈 쏨또. 크놈 쩡 캔슬 윈.

7. 예약 시간을 7시에서 6시로 변경하고 싶습니다.
 ខ្ញុំចង់ប្ដូរពី ការកក់ម៉ោង ៧ ទៅ ៦ វិញ ។
 크놈 쩡 쁘도우 삐 까껵 마옹 쁘람삘 떠으 마옹 쁘람모이 윈.

8. 조용한 자리로 부탁합니다.
 ខ្ញុំជួយទុកកន្លែងស្ងាត់ផង ។
 쏨 쭈어이 뚝 껀라엥 승앗 펑,

## 02 식당에서

### 주문하기

1. 메뉴판 주세요.
   សូមយក ម៉ឺនុ។
   쏨 욕 메뉴.

2. 주문하시겠습니까?
   តើលោកត្រូវការកម្ម៉ង់មូ្យបរឺ?
   따으 록 뜨러으까 껌멍 마홉 르?

3. 아직 정하지 않았습니다.
   ខ្ញុំមិនទាន់ហើយទេ។
   크늄 믄 또안 하으이 떼

4. 특별히 추천해 주실 음식 있어요?
   មានម្ហូបណាពិសេសទេ?
   미은 마홉 나 삐쎄 떼?

5. 여기서 잘 하는 요리는 무엇입니까?
   នៅទីនេះម្ហូបណា ដែលឆ្ងាញ់?
   너으 띠니 마훕나 다엘 층안?

6. 주문하겠습니다.
   ខ្ញុំនឹងកំម៉ង់ម្ហូប ។
   크놈 능 껌멍 마훕.

7. 볶음밥으로 주세요.
   សូមអោយបាយឆាម្យយចាន ។
   쏨 아오이 바이차 모이 짠.

8. (메뉴를 가리키며) 이것과 이것으로 주세요.
   សូមអោយនេះនឹងនេះ ។
   쏨 아오이 니 능 니.

9. 이것은 무슨 요리입니까?
   នេះជាម្ហូបអ្វី?
   니 찌어 마훕 어와이?

10. 요리 재료는 무엇입니까?
    ប្រើគ្រឿងផ្សំអ្វី?
    쁘라으 끄릉프썸 어와이?

## 11. 저는 스테이크로 주문하겠습니다.
ខ្ញុំយក ស្តេក ។
크놈 욕 스테이크.

## 12. 스테이크를 어떻게 요리해 드릴까요?
តើត្រូវការ ស្តេក យ៉ាងមេចដែរ?
따으 뜨러으까 스테이크 양멪다에?

## 13. 중간쯤/완전히 익혀 주세요.
ខ្ញុំយកឆ្អិនល្មម / ឆ្អិនខ្លាំង ។
크놈 욕 처은 러모옴 / 처은 클랑.

## 14. 디저트는 어떻게 하시겠습니까?
តើត្រូវការ បង្អែមអ្វី ?
따으 뜨러으까 벙아엠 어와이?

## 15. 어떤 종류의 디저트가 있나요?
តើមានបង្អែមប្រភេទអ្វី?
따으 미은 벙아엠 프러페잇 어와이?

## 16. 또 다른 것은 필요 없으세요?
តើត្រូវការអ្វីថែមទៀត វីទេ ?
따으 뜨러으까 어와이 타엠 띠읏 르 떼?

## 식사하기

1. 물 한잔 주세요.
   សូមអោយ ទឹកមួយកែវ។
   쏨 아오이 뜩 모이 까에우.

2. 빵 좀 더 주세요.
   សូមអោយ នំប៉័ងទៀត។
   쏨 아오이 놈빵 띠읏.

3. 먹는 방법을 가르쳐주세요.
   តើគេញាំុយ៉ាងមេច?
   따으 께 냠 양 몇?

4. 이건 어떻게 먹으면 됩니까?
   គេញាំុអញ្ចឹងមែនទេ?
   께 냠 언쩡 멘떼?

5. 소금 좀 갖다 주세요.
   សូមអោយ អំបិល។
   쏨 아오이 엄벌.

6. 설탕을 추가로 부탁합니다.
   សូមអោយស្ករសទៀត។
   쏨 아오이 쓰꺼 써 띠읏.

Ⅷ. 음식 및 식사

7. 이걸 치워주시겠어요?

   យកវាចេញបានហើយ ។

   욕 위어 쩬 반 하으이.

8. 후식은 무엇으로 드릴까요?

   តើត្រូវការ បង្អែមអ្វី ?

   따으 뜨러으까 벙아엠 어와이?

9. 커피 한 잔 주세요.

   សូមអោយកាហ្វេមួយកែវ ។

   쏨 아오이 까페이 모이 까에우.

10. 음료수는 무엇으로 드실래요?

    តើត្រូវការជឹកភេសជ្ជៈអ្វី ?

    따으 뜨러으 까 먹 뻬쓰찌아 어와이?

11. 계산서 부탁합니다.

    សូមគិតលុយ!

    쏨 끗 로이!

12. 맛있었습니다.

    បាន ឆ្ងាញ់ ។

    반 칭안.

### 트러블

1. 주문한 것이 아직 안나왔어요.
   ខ្ញុំមិនទាន់បានម្ហូបទេ។
   크놈 믄 또안 반 마홉떼.

2. 이것은 제가 주문한 것이 아닙니다.
   នេះមិនមែនជាម្ហូបដែលខ្ញុំកុំម៉ង់ទេ។
   니 믄멘 찌어 마홉 크놈 껌멍 떼.

3. 리필 좀 해주시겠어요?
   សូមថែមទៀតបានទេ?
   쏨 타엠 띠웃 반 떼?

4. 싱거워요.
   សាប។
   싸압.

5. 후추 좀 더 주세요.
   សូមអោយម្រេចទៀត។
   쏨 아오이 머렛 띠웃.

6. 나이프를 떨어뜨렸습니다.
   បាន ធ្លាក់ កាំបិត។
   반 틀레악 깜벗.

7. 이 음식에 이물질이 있습니다.
   មានសាធាតុម្បូបនេះ ។
   미은 싸티웃 마홉 니.

8. 냅킨을 좀 더 갖다 주시겠어요?
   សូមអោយក្រដាសអនាម័យ ទៀត ។
   쏨 아오이 끄로다 아나마이 띠읏.

9. 수저 좀 주세요.
   សូមអោយ ស្លាបព្រាប និង ចង្កឹះមួយគូ ។
   쏨 아오이 슬랍쁘리어 능 쩡꺼 모이 꾸.

## 03 술집에서

1. 와인 목록이 있습니까?
   តើមានបញ្ជីស្រា?
   때으 미은 번찌이 쓰라?

2. 글라스로 주문됩니까?
   តើអាចកម្ម៉ុងដោយកែវបានទេ?
   때으 아잇 껌멍 다오이 까에우 반 떼?

3. 레드 와인 한 잔 주세요.
   សូមអោយស្រាក្រហមមួយកែវ ។
   쏨 아오이 쓰라 끄러험 모이 까에우.

4. 어떤 맥주가 있습니까?
   តើមានស្រាបៀរប្រភេទអ្វី?
   때으 미은 쓰라 비어 프러페읏 어와이?

5. 생맥주 한 잔 주세요.
   សូមអោយស្រាបៀរមួយកែវ ។
   쏨 아오이 쓰라 비어 모이 까에우.

6. 맥주가 별로 차갑지 않아요.
   ស្រាបៀរមិនសូវ ត្រជាក់ ។
   쓰라 비어 니 믄 써으 뜨러쩨악.

7. 한 병 더 주세요.
   សូមអោយមួយដបទៀត ។
   쏨 아오이 모이 덥 띠읏.

 **패스트 푸드점에서**

1. 근처에 패스트 푸드점이 있습니까?
   នៅផ្នំនេះមាន ហាងហ្គាស់ហ្វូតទេ?
   너으 머둠니 미은 항패스푸드떼?

2. 햄버거와 콜라 주세요.
   ខ្ញុំយក ហាំប៊ឺហ្គ័រ និង កូកា ។
   크놈 욕 햄버거 능 꼬까.

3. 여기서 드실 건가요, 아니면 포장해 드릴까요?
   ពិសារ នៅទីនេះ រឺក៏ខ្ចប់?
   삐사 너으 띠니 르꺼 크쩝?

4. 1번 세트메뉴로 주세요.
   ខ្ញុំយក សេតម៉ឺនុ លេខ ១ ។
   크놈 욕 세트 메뉴 레잇 모이.

5. 전부 얼마입니까?
   ទាំងអស់ថ្លៃប៉ុន្មាន?
   떼앙아 틀라이 뽄만?

6. 여기서 먹을 건데요.
   ខ្ញុំនឹងញ៉ាំនៅនេះ។
   크뇸 능 냠 너으 니.

7. 포장해 주세요.
   សូមអោយខ្ចប់។
   쏨 아오이 크쩝.

# PART IX

## 관광

01 앙코르 관광안내
02 앙코르 유적지
03 관람하기(박물관, 민속촌, 압사라 공연 등)
04 문화체험

## 교통수단과 장소

| ភាសា ខ្មែរ<br>크메르어 | បញ្ចេញសម្លេង<br>ជាភាសាខ្មែរ<br>크메르어 발음 | ភាសា កូរ៉េ<br>한국어 | បញ្ចេញសម្លេង<br>ជាភាសាកូរ៉េ<br>한국어 발음 |
|---|---|---|---|
| ប្រៃសណីយ៍ | 쁘레쓰니 | 우체국 | 우-체-꾹 |
| ធនាគារ | 토니어 끼어 | 은행 | 응은-헹 |
| មន្ទីរពេទ្យ | 문띠뻿 | 병원 | 뱌-융-원 |
| សាលារៀន | 쌀라리은 | 학교 | 학-꾜 |
| ផ្សារ | 프싸 | 시장 | 씨-챵 |
| ផ្សារទំនើប | 쁘싸 똠늡 | 슈퍼 | 슈-퍼 |
| សួនច្បារ | 쑤은쯔바 | 공원 | 꿍-원 |
| ស្ថានីយប្រេងឥន្ធនៈ | 쓰타니 쁘렝<br>에언네 | 주유소 | 쥬-유-소 |
| ឡានក្រុង | 란 끄롱 | 버스 | 버-스 |
| ឡានតាក់ស៊ី | 란 딱씨 | 택시 | 첵-씨 |
| កង់ | 껑 | 자전거 | 챠-천-거 |

| | | | |
|---|---|---|---|
| ស្ថានីយរថភ្លើងក្រោមដី | 쓰타니 로떼플릉 끄라옴다이 | 지하철 역 | ជី-ហា-ឆល-យ៉ុក |
| ទីស្នាក់ការនាយករដ្ឋា កិចពាលនៅកូរ៉េ | 띠쓰낫까 니어이 까까 피발 너으 꼬레 | 청와대 | ឈង-វ៉ា-ដេ |
| រដ្ឋសភានីតិបញ្ញត្តិ | 러더토피어 니떼번떼 | 국회의사당 | គុក-ហ្វេ-អ៊ី-សា-ដាង |
| តុលាការ | 똘라까 | 법원 | ប៉ុ-វ៉ុន |
| ការិយាល័យកាត់ទោស | 까리어라이 깟또 | 검찰서 | ខម-ឆាល-សិ |
| ប៉ុស្តិ៍ប៉ូលីស | 뽀 쓰타니 뽈리 | 경찰서 | ឃ្យាង-ឆាល-សិ |
| ប៉ុស្តិ៍ប៉ូលីសតាមស្រុក | 뽀 쓰타니뽈리 땀 쓰록 | 파출소 | ផា-ឈូល-សុ |
| ប្រាសាទ, វិមាន | 쁘라쌋, 위미은 | 성 | សង |
| សាលាក្រុង | 쌀라 끄롱 | 시청 | សី-ឈង |

IX. 관광 149

| ទីស្នាក់ការប្រដាប់ អាវុធ | 띠스낫까 끄러답 아웃 | 군청 | គូន-ឈង |
|---|---|---|---|
| ទីចាត់ការ ខេត្តក្រុង | 띠짯까 카엣끄롱 | 읍 | អឺម |
| ទីចាត់ការ ភូមិស្រុក | 띠짯까 품쓰록 | 동사무소 | ដុង-សា-មូ-សុ |
| ម៉ូតូ | 모또 | 오토바이 | អូ-ធូ-ប៉ៃ |
| យន្តហោះ | 윤허 | 비행기 | ប៊ី-ហេង-គី |
| ប្រលានយន្តហោះ | 쁘리언윤허 | 공항 | កុង-ហាំ |
| ស្ថានីយរថភ្លើង | 쓰타니 로떼플릉 | 역 | យ៉ក |
| ចំណតរថយន្តឈ្នួល ពីក្រុងទៅខេត្ត | 쓰타니 로떼윤 츠루얼 삐 끄롱 떠으 땀 쓰록 | 고속버스 터미널 | កុ-សុក-ប៊័-ស៊ី-ធ-មី-ណល |
| ចំណតរថយន្តឈ្នួល ក្នុងទីក្រុង | 쓰타니 로떼윤프루얼 크농끄롱 | 시외버스 터미널 | ស៊ី-វ៉ៃ-ប៊័-ស៊ី-ធ-មី- ណល |

| កប៉ាល់ | 꺼발 | 배 | ប៉េ |
| --- | --- | --- | --- |
| ការិយាល័យបង់ពន្ធ | 까리어야리 벙쁜 | 세무서 | សែ-មូ-សី |
| ការិយាល័យអន្តោប្រវេសន៍ | 까리어야리 언따오쁘러웻 | 출입국관리사무소 | ឈូ-ឡឹប-គូក-រ៉ាន-រី-សា-មូ-សុ |
| ការិយាល័យគយ | 까리얼라이 꼬이 | 세관 | សែ-វ៉ាន |
| ស្ថានីយផ្សព្វផ្សាយ | 쓰타니 프쌉프싸이 | 방송국 | បាំង-សុង-គូក |
| ការិយាល័យកាសែត | 까리얼라이 까싸엣 | 신문사 | ស៊ីន-ប៊ុន-សា |
| ការិយាល័យអគ្គីភ័យ | 까리얼라이 어끼퍼이 | 소방서 | សូ-បាំង-សី |
| មជ្ឈមណ្ឌលថែរក្សា សុខភាព | 모쭛몬돌타에끄싸쏙피업 | 보건소 | ប៉ុ-ខន-សុ |
| ការិយាល័យឃុំសង្កាត់ | 까리이야라이 콤썽깟 | 면사무소 | ប-យ៉ន-សា-មូ-សូ |
| កាកបាទក្រហម | 깍빳 끄러험 | 적십자회 | ចក-ស៊ីម-ចា-ហៃ |

IX. 관광 151

| រោងភាពយន្ត | 롱 피업윤 | 영화관 | 윰-하-리안 |
|---|---|---|---|
| គ្រឹះស្ថានថែទាំក្មេងកំព្រា | 끄러끄타니타 엣또암 | 고아원 | 꾸-아-룬 |
| ស្ថានីយ៍អ្នកដំណើរ | 쓰타니 네악 돔나으 | 여객선 터미널 | 얌-떼옥-산-다-미-낟 |
| ស្ថានទូត | 쓰탄뚝 | 대사관 | 데-사-리안 |
| កុងស៊ុល | 똥솔 | 영사관 | 윰-사-리안 |
| កីឡបហាត់កីឡា | 꺼랍핫쁘란 | 운동장 | 은-동-창 |
| សាលាមតេយ្យ | 쌀라 머떼이 | 유치원 | 유-치-룬 |
| ចំណតឡានក្រុង | 쫌낫란끄롱 | 버스 정류장 | 버-시-정-류-창 |
| ការិយាល័យ | 까리어라이 | 검역소 | 컴-약-소 |
| ក្រុមហ៊ុនធានារ៉ាប់រង | 끄롬훈토니어 랑랍렁 | 보험회사 | 뽀-함-호-사 |
| ក្រុមហ៊ុនអគ្គីសនី | 끄롬훈아끼써니 | 전력사 | 천-러-약-사 |
| បណ្ណាគារ | 번날끼어 | 서점 | 시-첨 |

152 여행회화 가이드(캄보디아편)

| | | | |
|---|---|---|---|
| ហាងលក់ខោអាវ | 항 루윽 카오아으 | 옷 가게 | 아우스-카-태 |
| ហាង | 항 | 가게 | 카-태 |
| កន្លែងលក់សម្ភារៈសំរាប់សិក្សា | 껀라엥 루윽 썸피러 썸레압 쌕싸 | 문구점 | 문-꾸-참 |
| ភោជនីយដ្ឋាន | 포어츠니어탄 | 식당 | 스익-당 |
| ហាងលក់ភស្តុៈ | 항 루윽 피써써 | 매점 | 메-첨 |
| ហាងកែសម្ផស្ស | 항 까에 무어써 | 미용실 | 미-융-시을 |
| ហាងលក់គ្រឿងសំអាង | 항 루윽 끄르응썸앙 | 화장품 가게 | 파-창-프음-카-태 |
| ពេទ្យសម្ភព | 뻿 모피업 | 산부인과 | 산-뷔-윈-콰 |
| ក្រុមហ៊ុនទេសចរ | 끄롬훈 떼쎄쩌 | 여행사 | 유-헹-사 |
| សណ្ឋាគារ | 싼떠끼어 | 호텔 | 호-텔 |
| ផ្ទះសំណាក់ | 프떼아 썸낙 | 모텔 | 모-텔 |

#  앙코르 관광안내

1. 앙코르 유적지 중에서 꼭 봐야 할 사원들을 추천해 주세요.
   **នៅតំបន់អង្គរ តើគួរតែមើលប្រាសាទណាខ្លះ។**
   너으 덤번 앙코 따으 꾸어이 멀 쁘러샷 나 클라.

2. 관광 안내소가 있습니까?
   **តើមាន ការិយាល័យពតិមានទេសចរណ៍ទេ?**
   따으 미은 까리야라이 뽀러미은 떼쎄쩌 떼?

3. 관광 안내 책자가 있습니까?
   **តើមាន សៀវភៅមគ្គទេសក៍ទេសចរណ៍ទេ?**
   따으 미은 씨으퍼으 멕꾸떼 떼쎄쩌 떼?

4. 하루 코스는 어떻게 하는 것이 좋습니까?
   **កម្មវិធីទស្សនា ១ថ្ងៃ តើធ្វើយ៉ាងណាល្អ?**
   깜위티 뚜사나 모이 틍아이 따으 트워 양나 러어?

5. 몇 일 코스가 가장 좋습니까?
   តើកម្មវិធីទស្សនាប៉ុន្មានថ្ងៃ ដែលល្អជាងគេ?
   따으 깜위티 뚜사나 쁜만 틍아이 다엘 러어 찌응 께?

6. 앙코르 왓을 보는 데는 몇 시간 정도 걸립니까?
   មើលប្រាសាទអង្គរវត្ត ចំណាយពេលប៉ុន្មាន?
   멀 쁘러쌋 앙코 왓 쩜나이 뻴 쁜만?

 # 앙코르 유적지

### 매표소에서

1. 티켓은 어디서 삽니까?
   ទិញសំបុត្រនៅងណា?
   뗀 썸봇 너으 아에 나?

2. 입장료는 얼마입니까?
   សំបុត្រ តំលៃប៉ុន្មាន?
   썸봇 뚜사나 덤라이 쁜만?

3. 어른 한 장과 어린이 두 장 주세요.
   មនុស្សធំ ១ សន្លឹក និង កូនក្មេង ២ សន្លឹក ។
   모누 톰 모이 썬럭 능 꼰크멩 삐 썬럭.

4. 단체 할인이 있습니까?
   មានបញ្ចុះតំលៃ សំរាប់ជាក្រុមទេ?
   미은 반쪼 덤라이 섬랍 찌어 끄롬 떼?

5. 학생 할인이 되나요?
   **បញ្ចុះតំលៃ សំរាប់សិស្ស?**
   반쪼 덤라이 썸랍 썻?

6. 입장 가능한 시간은 몇 시 부터입니까?
   **សំបុត្រអាចទិញបាន ចាប់ពីម៉ោងប៉ុន្មាន?**
   썸봇 아읏 뗀 반 짭삐 마옹 쁜만?

7. 야간 개장은 몇 시부터 시작됩니까?
   **ពេលយប់ ចាប់បើកពីម៉ោងប៉ុន្មាន?**
   뻴욥 짭 바윽 삐 마옹 쁜만?

8. 여간 관람은 별도 요금을 내나요?
   **ទស្សនាពេលយប់ តើបង់លុយថែមទៀត?**
   뚜사나 뻴 욥 따으 벙루어이 타엠 띠읏?

### 사진 찍기

1. 실례지만 사진 좀 찍어주실 수 있으세요?
   **សុំទោស អាចជួយថតរូបបានទេ?**
   쏨또 아읏 쭈어이 툿룹 반떼?

2. 같이 사진 찍어요.
   ថតរូបជាមួយគ្នា។
   퉛룹 찌어모이크니어.

3. 같이 단체 사진 찍읍시다.
   ពោះយើងថតរូបជាក្រុម ជាមួយគ្នា។
   떼여응 퉛룹 찌어 끄롬 찌어모이크니어.

4. 플래시 터트려도 되나요?
   បើក ហ្វឡាស់ បានដែរ?
   바윽 플라 반 떼?

5. 이 사진기는 어떻게 사용하는 거예요?
   កាមេរ៉ានេះ តើគេប្រើយ៉ាងម៉េច?
   따으 까메라 니 께 쁘라으 양멧?

6. 이 버튼을 누르기만 하면 되요.
   គ្រាន់តែចុចលើ ប៊ុតុងនេះទេ។
   그런때에 쪽 르 버똥 니떼.

7. 웃으세요. 하나, 둘, 셋, 치즈!
   សូមសើច។ មួយ ពីរ បី ញញឹម !
   쏨 사으읫. 모이 삐 바이 요늠!

158 여행회화 가이드(캄보디아편)

8. 사진이 흔들렸어요. 다시 한 장 찍어 주세요.
   រូបថត គីព្រៀក ។ សូមជួយថត មួយសន្លឹកទៀត ។
   룹텃 끄 쁘리윽. 쑴 쭈어이 텃 모이 썬럭 띠읏.

9. 어디서 일회용 카메라를 살 수 있죠?
   កន្លែងណា អាចទិញកាមេរ៉ាថត មួងចោល?
   껀라엥 나 아잇 뗀 까메라 텃 머덩 짜올?

10. 필름 한 통 주세요.
    ខ្ញុំយក ហ្វីល មួយ ដុំ ។
    크놈 욕 피일 모이 돔.

11. 주소를 가르쳐 주시면 사진을 보내드릴 게요.
    អោយអាស័យដ្ឋានអ្នក ខ្ញុំនឹងផ្ញើរូបថតអោយ ។
    아오이 아싸이탄 네악 크놈 능 프뙈아 룹텃 아오이.

### 기념품 사기

1. 선물가게가 어디에 있습니까?
   ហាង វត្ថុអនុស្សាវរីយ៍ នៅឯណា?
   항 왓토 아누싸와리 너으 아에 나?

IX. 관광 159

2. 기념품으로 좋은 것을 추천해 주시겠어요?
ទិញរបស់អីល្អ សំរាប់អនុស្សាវរីយ៍?
뗀 로버 아이 러어 썸랍 아누싸와리?

3. 그림엽서를 팝니까?
មានលក់ ប៉ុស្ដីកាតរូបភាពទេ?
미은 루억 포토카드 룹피읍 떼?

4. 씨엠립에서 가장 인기 있는 특산품을 찾고 있어요.
ខ្ញុំកំពុងរក របស់ពិសេសជាងគេ នៅសៀមរាប ។
크놈 껌뽕록 로버 삐세 찌앙께 너으 씨엠립.

5. 이건 수제입니까?
របស់នេះធ្វើដោយដៃ?
로버 니 트워 다오이 다으?

6. 다른 것으로 보여 주실 수 있어요?
មានរបស់ផ្សេងទៀតទេ?
미은 로버 프셍 띠 웃 떼?

7. 선물용으로 포장해 주세요.
សូមខ្ចប់ជាកាដូរ ។
쏨 크쩝 찌어 까도.

8. 따로따로 포장해 주세요.

សូមខ្ចប់ផ្សេងគ្នា ។

쏨 크쩝 프셍 크니어.

# 03 관람하기(박물관, 민속촌, 압사라 공연 등)

1. 할인티켓 판매하는 곳은 어디인가요?
   **កន្លែងលក់សំបុត្របញ្ចុះតំលៃ នៅឯណា?**
   껀라엥 루억 썸봇 반 쪼 덤라이 너으 아에 나?

2. 내부를 견학할 수 있나요?
   **ខ្ញុំអាចសិក្សានៅខាងក្នុងបានទេ?**
   크놈 아잇 썩싸 너으 캉 크농 반떼?

3. 이것은 어느 시대 작품인가요?
   **នេះ ជារបស់កាលពីសម័យណាដែរ?**
   니 찌어 로버 깔 삐 싸마이나 다에?

4. 저 조각상은 무엇입니까?
   **នោះ ជារូបសំណាកអ្វី?**
   누 찌어 롭 썸낙 어와이?

5. 출구는 어디입니까?
   ច្រកចេញនៅឯណា?
   쯔럭 쩬 너으 아에 나?

6. 짐을 맡겨 놓아도 됩니까?
   ផ្ញើរវ៉ាន់ទុកបានទេ?
   핑야으 에이완 똑 띠 니 반떼?

7. 오늘 밤에 어떤 프로그램이 있습니까?
   យប់នេះមានកម្មវិធីអ្វី?
   욥 니 미은 깜위티 어와이?

8. 캄보디아인도 입장료가 있습니까?
   ជនជាតិខ្មែរមានសំបុត្រដែរ?
   쭌찌엇 크마에 미은 썸봇 다에?

9. 캄보디아 전통 춤을 보고 싶어요.
   ខ្ញុំចង់មើលរបាំប្រពៃណីយ៍ខ្មែរ ។
   크눔 쩡 멀 로암 쁘러쁘니 크마에.

10. 전통혼례식(결혼식) 재현 시간은 언제인가요?
    ម៉ោងសំដែងពិធីរៀបការប្រពៃណីយ៍ ពេលណា?
    마옹 썸다엥 삐티 리업까 쁘러바이 뻴나?

## 11. 입장료가 없는 곳도 있나요?
### មានកន្លែងគ្មានសំបុត្រទេ?
미은 껀라엥 크미은 썸봇 떼?

## 12. 한국어로 된 설명도 있나요?
### មានពន្យល់ជាភាសាកូរ៉េទេ?
미은 뻔욜 찌어 피어싸 꼬레 떼?

## 13. 민속촌 관람은 몇 시간쯤 걸릴까요?
### ទស្សនាភូមិវប្បធម៌ ចំណាយពេលប៉ុន្មាន?
뚜싸나폼 와빠텀 쩜나이 뻴 뽄만?

## 14. 압사라 공연을 보고 싶습니다.
### ខ្ញុំចង់មើលរបាំអប្សរា។
크놈 쩡 멀 로암 압싸라.

## 15. 압사라 공연은 어디서 볼 수 있습니까?
### មើលរបាំអប្សរានៅឯណា?
멀 로암 압싸라 너으 아에 나?

 **문화체험**

### 스포츠

1. 운동장은 어디에 있습니까?
   ស្តាតនៅឯណា?
   스따 너으 아에 나?

2. 캄보디아에서는 어떤 운동이 인기가 있나요?
   នៅកម្ពុជាកីឡាណា ដែលនិយមលេង?
   너으 깜푸찌아 까라나 다엘 니음 레잉?

3. 골프를 하고 싶은데 근처에 적당한 코스가 있습니까?
   ខ្ញុំចង់លេង ហ្គោល លេងបានទេនៅម៉ុំនេះ?
   크놈 쩡 레잉 고올 레잉 반떼 너으 머둠 니?

4. 골프 예약을 할 수 있습니까?
   អាចកក់ លេងហ្គោលបានទេ?
   아잇 꺽 레잉 고올 반떼?

### 5. 1인당 얼마입니까?
ក្នុងម្នាក់ថ្លៃប៉ុន្មាន?
크농 머네악 틀라이 쁜만?

### 6. 운동 기구를 빌릴 수 있습니까?
អាចជួលសំភារៈហាត់ប្រាណបានទេ?
아잇 쭈얼 섬피리엑 핫쁘란 반떼?

### 7. 근처에 수영장이 있습니까?
តើនៅជិតនេះមាន អាងហែលទឹក ទេ?
따으 너으 쭛 니 미은 앙 하얼뜩 떼?

### 8. 수영장에서는 다른 운동도 할 수 있습니까?
នៅអាងហែលទឹក អាចហាត់ប្រាណផ្សេងបានទេ?
너으 앙 하얼뜩 아잇 핫쁘란 프쎙 반떼?

### 9. 말을 타고 싶은데요. 탈 수 있나요?
ខ្ញុំចង់ជិះសេះ។ ជិះបានទេ?
크놈 쫑 찍 쎄. 찍 반 떼?

### 10. 짐은 어디에 보관하나요?
ឥវ៉ាន់ទុកឯណា?
에이완 뚝 아에 나?

## 오락(나이트 클럽 등)

1. 근처에 디스코텍이 있습니까?
   តើនៅជិតនេះមានកន្លែងរាំទេ ?
   따으 너으 쯪 니 미은 껀라엥 로암 떼?

2. 몇 시까지 합니까?
   បើកដល់ម៉ោងប៉ុន្មាន?
   바윽 덜 마옹 쁜만?

3. 그 클럽의 쇼는 어떤 내용입니까?
   ការសំដែងនៃក្លឹប តើមាននិយដូចម្តេច?
   까 썸다에 나이 클럽 따으 미은 노이 도읏 마뎃?

4. 젊은 사람이 많습니까?
   តើមនុស្សក្មេងច្រើនទេ?
   따으 머누 크멩 쯔란 떼?

5. 어떤 종류의 음악을 틀어줍니까?
   ស្តាប់ចំរៀងប្រភេទណាដែរ?
   스답 쯤리응 프르페읏 다에?

6. 무엇을 마시겠습니까?
   តើចង់ញាំុទឹកអ្វី ?
   따으 쩡 냠 뜩 어와이?

## 카지노

1. 좋은 카지노를 소개해 주세요.
   ជួយណែនាំ កាស៊ីណូល្អ។
   쭈어이 나에노암 까시노 러어.

2. 카지노는 몇 시부터 합니까?
   កាស៊ីណូ បើកពីម៉ោងប៉ុន្មាន?
   까시노 바윽 삐 마옹 쁜만?

3. 칩은 어디에서 바꿀 수 있습니까?
   ឈីប អាចប្ដូរកន្លែងណា?
   칩 아잇 쁘도우 껀라엥 나?

4. 여기서는 어떤 게임을 할 수 있습니까?
   ទីនេះ អាចលេងហ្គេមអ្វីបាន?
   띠니 아잇 레잉 아오이 반?

5. 만 달러 어치 칩을 주십시오.
   សូមប្ដូរ ឈីប មួយម៉ឺន ដុល្លា។
   쏨 쁘도우 칩 모이 먼 돌라.

6. 룰렛을 해보고 싶습니다.
   ចង់លេង ម៉ាស៊ីន រ៉ូឡេត្ត។
   쩡 레잉 머씬 룰렛.

7. 여기에 2파운드를 걸겠습니다.

   ភ្នាល់ ទីនេះ ២ ផោន។

   프널 띠니 삐 파운드.

8. 계속하겠습니다.

   តាម។

   따암.

9. 포기하겠습니다.

   អត់តាម។

   엇 따암.

10. 현금으로 주십시오.

    សូមប្តូរជាលុយ។

    쏨 쁘도우 찌어 루이.

## TIP 카지노 지식

1. 카지노의 역사
카지노의 유래 - 작은 집이라는 의미의 이탈리아어 카자(casa)가 어원이고, 르네상스 시대 귀족들이 소유하였던 사교·오락용의 별관을 뜻하였다. 초기에는 대중적 사교장이었으나, 오늘날은 해변가, 휴양지 등에 있는 일반 옥내 도박장을 의미하며 나라에 따라서 관세·관광시설·외화획득의 목적으로 개설을 공인한 데도 있다. 미국에서도 서부개척기 이래 도박이 활발했으나 카지노라고 하게 될 만큼 시설을 선보인 것은 19세기 중엽부터 남북전쟁 때까지 미시시피강에 있는 200여 척의 호화판 도박선이었다. 19세기 말에는 뉴올리언스에서 과세목적으로 공식개설이 허용되었다. 현재 미국에서 개설을 허용하고 있는 주는 네바다주. 뉴저지주·노스다코타주이며, 네바다주의 라스베가스, 리노에는 20여개의 카지노가 있다.

2. 카지노 용어
- 뱅크/Bank - 칩스, 카드 등을 보관하는 사무실
- 뱅커/Banker - 바카라게임에서 카드를 나눠주는 역할을 하는 사람
- 벳/Bet Down - 테이블게임에서 카드를 나눠주는 역

할을 하는 사람
- 벳다운/Bet Down - "베팅을 시작하십시오"라는 의미로 딜러가 하는 말
- 버스트/Bust - 블랙잭게임에서 카드의 합계가 21을 초과한 것. 이때는 딜러의 카드와 관 계없이 무조건 짐
- 바이 인/Buy In - 게임을 하기 위하여 칩스를 구입하는 것

3. 카지노 에티켓
- 하우스가 제공하는 게임기구 외의 기구사용 혹은 부정행위를 행하는 경우 그 행위로 인한 모든 민사/형사상의 책임을 지게 된다.
- 고객간의 좌석을 팔거나 사는 행위, 양도를 해서는 안된다.
- 고객간의 부정수수료를 주거나 받아서는 안된다.
- 1시간 이상 테이블을 떠날 경우, 자리의 소유권은 인정되지 않는다.
- 음주를 하고 취한 상태에서는 게임을 할 수 없다.
- 고객에게 돈을 빌려주는 사채행위를 해서는 안된다.
- 다른 고객의 게임에 간섭해서는 안된다.
- 본인이 베팅한 칩은 본인이 주의를 기울여야 한다.

# PART X

## 쇼핑

01 가게 찾기
02 백화점(쇼핑몰)에서
03 계산하기
04 포장과 배달하기
05 교환과 환불하기

# PART X 가게 찾기

##  가게 찾기

**1. 쇼핑할 만한 곳은 어디인가요?**
កន្លែងសប់ភីង នៅឯណា?
껀라엥 쇼핑 너으 아에 나?

**2. 선물은 어디서 살 수 있습니까?**
ទិញកាដូរនៅឯណា?
뗀 까도 너으 아에 나?

**3. 백화점/시장 어디 있나요?**
ផ្សារទំនើប / ផ្សារ នៅឯណា?
프싸 똠늡 / 프싸 너으 아에 나?

**4. 전통 공예점은 어디 있나요?**
ហាងសិប្បកម្មប្រពៃណីយ៍ នៅឯណា?
항 쓰와깜 쁘러뽀아이니 너으 아에 나?

5. 이건 어디에 가면 싸게 구입할 수 있나요?

   ទៅកន្លែងណា ដែលទិញមានតំលៃថោក?
   떠으 껀래엥 나 다엘 뗀 미은 덤라이 타옥?

6. 가는 길을 가르쳐주십시오.

   សូមប្រាប់ផ្លូវផង ។
   쏨 쁘랍 플러으 펑.

7. 가게 영업 시간은 몇 시부터 몇 시까지 입니까?

   ម៉ោងរកស៊ី ចាប់ពីម៉ោងប៉ុន្មាន ដល់ម៉ោងប៉ុន្មាន?
   마옹 록씨 짭삐 마옹 쁜만 덜 마옹 쁜만?

8. 가장 큰 쇼핑센터는 어디입니까?

   ផ្សារទំនើបធំជាងគេនៅឯណា?
   프싸똠늡 톰 찌응께 너으 아에 나?

9. 보석 전문점은 어디에 있나요?

   ហាងគ្រឿងអលង្កានៅឯណា?
   항 크릉 아랑까 너으 아에 나?

10. 주방용품을 사고 싶습니다.

    ខ្ញុំចង់ទិញគ្រឿងប្រើប្រាស់ក្នុងផ្ទះ ។
    크놈 쩡뗀 크릉 쁘라으쁘라 크농 프떼아.

# 02 백화점(쇼핑몰)에서

## 상품 찾기

1. 무얼 찾으십니까?
   រកអ្វីដែរ?
   록 어와이 다에?

2. 그냥 둘러보는 중입니다.
   ជើរមើលសិន ។
   다으 멀 썬.

3. 티셔츠를 찾고 있는데요.
   កំពុងរកអាវយឺត?
   껌뽕 록 아으 여읏.

4. 뭐가 잘 팔리나요?
   របស់អ្វីដែលលក់ដាច់ច្រើន?
   로버 아이 다엘 루억 닷 쯔란?

5. 아내에게 선물할 것을 찾고 있습니다.
   កំពុងរក កាដូរសំរាប់ ភរិយា ។
   껌뽕 록 까도 썸랍 피리요이.

6. 캄보디아 브랜드는 뭐가 있나요?
   ម៉ាកកម្ពុជាមានអ្វីខ្លះ?
   막 깜푸찌어 미은 어와이 클라?

7. 30대 여성에게 인기 있는 스카프는 뭐예요?
   មានកន្សែងបង់ក ពេញនិយម សំរាប់ស្ត្រីអាយុ ខ្ទង់ ៣០ឆ្នាំ ទេ?
   미은 껀쌩벙꺼 뻰니욤 썸랍 쎄뜨라이 아유 크똥 쌈썹 츠남 떼?

### 상품 고르기

1. 저걸 보여 주시겠어요?
   សូមបង្ហាញ នោះខ្ញុំអោយខ្ញុំមើលបានទេ?
   쏨 벙한 누 클라 아오이 크늄 멀 반 떼?

2. 이것 좀 보여주세요.
   សូមបង្ហាញនេះ ។
   쏨 벙한 니.

### 3. 다른 것을 보여주십시오.
សូមបង្ហាញផ្សេងទៀត ។
쏨 벙한 프쌩 띠읏.

### 4. 진열대에 있는 것이 마음에 듭니다.
ខ្ញុំចូលចិត្តរបស់ នៅក្នុងតាំងពិពណ៌ ។
크놈 쫄쩟 로버 너으 껀라엥 땅삐뽀어

### 5. 옷을 입어봐도 될까요?
លរ ខោអាវ បានទេ?
로 카오아으 반떼?

### 6. 신발을 신어봐도 될까요?
លរ ស្បែកជើងបានទេ?
로 쓰바엑쯩 반떼?

### 7. 이거 다른 색깔도 있나요?
មានអាពណ៌ផ្សេងទេ?
미은 아 뽀아 프쌩 떼?

### 8. 탈의실은 어디 있나요?
បន្ទប់ប្ដូរសំលៀកបំពាក់មាននៅឯណា?
번똡 쁘도우 썸리읍 범뻐악 미은 너으 아에 나?

### 9. 거울이 어디에 있습니까?
**កញ្ចក់មាននៅឯណា?**
껀쩍 미은 너으 아에 나?

### 10. 너무 커요.
**ធំពេក ។**
톰 뻭.

### 11. 딱 맞아요.
**ល្មមណាស់ ។**
러멈 나.

### 12. 약간 작아요/커요.
**តូច / ធំបន្តិច ។**
또잇/톰 번떽

### 13. 조금 짧아요/길어요.
**ខ្លី / វែង បន្តិច ។**
클라이/웨잉 번떽

### 14. 길이를 줄여 주시겠어요?
**សូម សុីរេ អោយខ្លីបន្តិច ។**
쏨 싸레 아오이 클라이 번떽.

### 15. S/M/L 사이즈로 주세요.

យក លេខ S/M/L .

욕 레잇 S/M/L.

### 16. 좀 더 밝은/어두운 색 없나요?

មានពណ៌ភ្លឺ / អាប់ បន្តិច ទេ?

미은 뽀아 프르 / 압 번뗵 떼?

### 17. 사이즈를 재주십시오.

យកខ្នាតទំហំនេះ ។

욕 크낫 똠홈 니.

### 18. 이것은 면세품입니까?

របស់នេះគ្មានពន្ធទេ?

로버 니 크미은 뽄 떼?

# 03 계산하기

## 1. 얼마입니까?
**តើ ថ្លៃប៉ុន្មាន?**
따으 틀라이 쁜만?

## 2. 세금이 포함된 가격인가요?
**តំលៃ រួមជាមួយពន្ធរឺ?**
덤라이 루엄 찌어모이 쁜 르?

## 3. 계산은 어디서 하죠?
**គិតលុយឯណា?**
끗 루이 아에 나?

## 4. 세일상품이 있나요?
**មានផលិតផល បញ្ចុះតំលៃទេ?**
미은 펄러떠펄 번쪼 덤라이 떼?

### 5. 깎아주실 수 있나요?
សូមចុះថ្លៃបានទេ?
쏨 쭉 틀라이 반 떼?

### 6. 너무 비싸요.
ថ្លៃណាស់។
틀라이 나.

### 7. 현금으로 지급하면 깎아주시나요?
បើបង់ជាលុយ សូមចុះថ្លៃ។
바으 버엉 찌어 루이 쏨 쭉 틀라이.

### 8. 여행자수표도 받나요?
យកសែកទេ?
욕 쎄엑 떼?

### 9. 영수증을 주실 수 있나요?
សូម អោយវិកាយប័ត្របានទេ?
쏨 아오이 위까이어밧 반 떼?

# 04 포장과 배달하기

## 포장

1. 이 물건을 포장해 주세요.
   សូមខ្ចប់របស់នេះ ។
   쏨 크쩝 로박 니.

2. 따로따로 포장해 주세요.
   សូមខ្ចប់ផ្សេងគ្នា ។
   쏨 크쩝 프쎙 크니어.

3. 선물용으로 포장해 주세요.
   សូមខ្ចប់ជាកាដូរ ។
   쏨 크쩝 찌어 까도.

4. 포장비용을 따로 계산해야 하나요?
   តំលៃខ្ចប់ ត្រូវតែបង់ផ្សេងរឺ?
   덤라이 크쩝 뜨러으 따에 벙 프쎙 르?

5. 이 물건 우편으로 보내고 싶은데요.

   ខ្ញុំចង់ផ្ញើរតាម ប្រៃសណីយ៍។

   크놈 쩡 픵아으 땀 쁘라아싸니.

6. 담아갈 수 있는 봉지 하나 주세요.

   សុំថង់មួយដែលដាក់ចូលបាន។

   쏨 텅 모이 다엘 닥 쭐 반.

## 배달

1. 배달이 가능하나요?

   តើបញ្ជូនបានទេ?

   따으 번쭈운 반 떼?

2. 배달비용을 지불해야 하나요?

   ត្រូវតែ បង់ថ្លៃដឹកជញ្ជូននឺ?

   뜨러으때에 벙 틀라이 덕 쭌쭌 르?

3. 이 주소로 배달해 주세요.

   សូមយកមកអាស័យដ្ឋាននេះ។

   쏨 역 목 아싸이어탄 니.

4. 이 물건을 앙코르호텔로 가져다 주세요.

   សូមយកមកក់របស់នេះនៅសណ្ឋាគារអង្គរ។

   쏨 역 목 로박 니 너으 싼따끼어 앙꼬.

5. 얼마나 걸릴까요?
   ចំណាយពេលប៉ុន្មាន?
   쯤나이 뻴 쁜만?

### 배송

1. 한국으로 배송이 가능하나요?
   ផ្ញើរ / ស៊ីប ទៅកូរ៉េបានទេ?
   핑야으 / 십 떠으 꼬레 반 떼?

2. 항공편으로 배송해 주세요.
   ខ្ញុំផ្ញើរ តាមយន្តហោះ ។
   크놈 핑야으 땀 윤허

3. 한국까지 항공편으로 몇 일 정도 걸리나요?
   ផ្ញើរ ទៅកូរ៉េ តាមយន្តហោះ អស់ពេលប៉ុន្មានថ្ងៃ ។
   핑야으 떠으 꼬레 땀 윤허 엇 뻴 쁜만 틍아이?

4. 배송비용이 얼마나 드나요.
   តំលៃបញ្ជូនថ្លៃប៉ុន្មាន?
   덥라이 번쭈운 틀라이 쁜만?

# 05 교환과 환불하기

## 교환

1. 여기에 문제가 있습니다. 교환해 주세요.

   ទីនេះមានបញ្ហា ។ សូមជួយប្ដូរ ។
   띠 니 미은 빤냐하. 쏨 쭈어이 쁘도우.

2. 다른 물건으로 교환해 주세요.

   សូមប្ដូរយកអាផ្សេង ។
   쏨 쁘도우 욕 아 프셍.

3. 새 것으로 바꿔 주세요.

   សូមប្ដូរយកអាថ្មី ។
   쏨 쁘도우 욕 아 트마이.

### 환불

1. 이 물건을 환불하고 싶습니다.
   ខ្ញុំចង់បានសំណងវិញ។
   크놈 쩡 반 썸넝 윈.

2. 영수증 여기에 있습니다.
   នេះគឺវិក័យបត្រ។
   니 끄 위까으밧.

3. 교환해 주시던지 환불해 주세요.
   សូមប្ដូរ ឬក៏អោយប្រាក់មកវិញ។
   쏨 쁘도우 르 꺼 아오이 쁘락 마오 윈.

4. 물건을 아직 받지 못했어요. 환불해 주세요.
   មិនទាន់បានរបស់ទេ។ សូមអោយប្រាក់មកវិញ។
   믄또안 반 로버 떼. 쏨 아오이 쁘락 마오 윈.

# PART XI

# 편의시설(우편과 통신 등)

01 전화 걸기
02 인터넷
03 우체국
04 은행

 전화 걸기

**공중전화**

1. 이 근처에 공중전화가 어디에 있습니까?
   តើនៅជិតនេះមាន ទូរស័ព្ទសាធារណៈទេ ?
   따으 너으 쯧 니 미은 뚜러쌉 싸티어르나 떼?

2. 공중전화 카드는 어디서 사나요?
   កាតទូរស័ព្ទសាធារណៈ ទិញនៅឯណា?
   깟 뚜러쌉 싸티어르나 뗀 너으 아에 나?

3. 국제전화가 가능하나요?
   មានទូរស័ព្ទ ក្រៅប្រទេសទេ?
   미은 뚜러쌉 끄라으 보러떼 떼?

4. 공중전화 카드의 가격이 얼마입니까?
   តម្លៃកាតសាធារណៈ ថ្លៃប៉ុន្មាន?
   덤라이 깟 싸티어르나 틀라이 뽄만?

5. 한국으로 전화하는데 비용이 얼마나 드나요?

 ទូរស័ព្ទ ទៅកូរ៉េ ថ្លៃប៉ុន្មាន?

 뚜러쌉 떠으 꼬레 틀라이 쁜만?

## 일반전화

1. 이 전화 사용방법을 알려주세요.

 សូមប្រាប់ពីរបៀបប្រើទូរស័ព្ទនេង។

 쏨 쁘랍 삐 로비읍 쁘라으 뚜러쌉 펑.

2. 한국의 지역번호는 몇 번입니까?

 លេខកូដកូរ៉េ លេខប៉ុន្មាន?

 레잇 꼬옷 꼬레 레잇 쁜만?

3. 한국으로 국제전화를 하려고 합니다.

 ខ្ញុំទូរស័ព្ទក្រៅប្រទេស ទៅកូរ៉េ។

 크놈 뚜러쌉 끄라으 보러떼 떠으 꼬레.

4. 한국으로 전화를 하려고 하는데, 어떻게 해야 하나요.

 ធ្វើយ៉ាងណា ពេលទូរស័ព្ទទៅកូរ៉េ?

 트워 양나 뻴 뚜러쌉 떠으 꼬레?

XI. 편의시설(우편과 통신 등) 191

5. 전화비용을 지불해야 하나요?
   ត្រូវតែបង់ថ្លៃទូរស័ព្ទឬ?
   뜨르으 때에 버엉 틀라이 뚜러쌉 르?

6. 전화연결이 안되는데요.
   ទូរស័ព្ទមិនអាចទាក់ទងបានទេ?
   뚜러쌉 믄 아잇 떼악똥 반떼?

### 팩스

1. 이 팩스 사용방법을 알려주세요.
   សូមប្រាប់ពីរបៀប ប្រើ ហ្វាក់។
   쏨 브랍 삐 로비읍 쁘라으 퐥.

2. 이 팩스의 번호는 어떻게 되나요?
   លេខហ្វាក់នេះ លេខប៉ុន្មាន?
   레잇 퐥 니 레잇 뽄만?

3. 팩스를 사용하고 싶은데요.
   ខ្ញុំចង់ប្រើហ្វាក់។
   크놈 쩡 쁘라으 퐥.

4. 팩스 사용할 수 있는 곳이 어디인가요?

   កន្លែងណា ប្រើ ហ្វាក់បាន?

   껀라엥 나 쁘라으 퀙 반?

5. 팩스가 고장난 것 같아요.

   ម៉ាស៊ីនហ្វាក់ ហាក់ដូចជាខូចហើយ ។

   머씬 퀙 핫 도읻찌어 코읻 하으이.

6. 팩스 한 장 보내는데 비용이 얼마인가요?

   ផ្ញើរហ្វាក់ ១ សន្លឹក ថ្លៃប៉ុន្មាន?

   핑야으 퀙 모이 썬럭 틀라이 뽄만?

7. 팩스를 이 번호로 보내주세요.

   សូមផ្ញើរតាម លេខហ្វាក់នេះ ។

   쏨 핑야으 땀 레읏 퀙 니.

1. 인터넷을 사용하고 싶은데요.
   ខ្ញុំចង់ ប្រើ អ៊ីនធឺណេត ។
   크늄 쯩 쁘라으 인터넷.

2. 인터넷을 사용할 수 있는 곳이 어디입니까?
   កន្លែងណាប្រើ អ៊ីនធឺណេតបាន?
   껀라엥 나 쁘라으 인터넷 반?

3. 인터넷 이용요금이 얼마입니까?
   អ៊ីនធឺណេត ថ្លៃប៉ុន្មាន?
   인터넷 틀라이 뽄만?

4. 인터넷이 안되는데요.
   អ៊ីនធឺណេត អត់ដើរទេ ។
   인터넷 엇 다으 떼.

5. 인터넷이 너무 느립니다.
   អ៊ីនធឺណេត យឺតណាស់ ។
   인터넷 여읏 나아.

## 03 우체국

**편지 보내기**

1. 우체국이 어디에 있나요?
   តើ ប៉ុស្ដិ៍ប្រៃសណីយ៍នៅឯណា?
   따으 뽀쁘라이썬니 너으 아에 나?

2. 우표를 사고 싶은데요.
   ខ្ញុំចង់ទិញ ប៉ុស្ដ្គាត ។
   크놈 쩡 뗀 포스트 깟.

3. 우표가격이 얼마입니까?
   ប៉ុស្ដ្គាត ថ្លៃប៉ុន្មាន?
   포스트 깟 틀라이 쁜만?

4. 이것을 한국으로 보내는데, 비용이 얼마나 드나요?
   ផ្ញើរវាទៅកូរ៉េ ថ្លៃប៉ុន្មាន?
   핑야으 위어 떠으 꼬레 틀라이 쁜만?

XI. 편의시설(우편과 통신 등) 195

5. 이 우편요금은 얼마입니까?
   ប៉ុស្តកាតនេះ ថ្លៃប៉ុន្មាន?
   포스트 깟 니 틀라이 쁜만?

6. 항공편으로 보내주세요.
   សូមផ្ញើរតាម យន្តហោះ ។
   쏨 펑야으 땀 윤허.

### 소포 보내기

1. 이 물건을 한국으로 보내려고 합니다.
   ខ្ញុំចង់ផ្ញើរបស់នេះទៅកូរ៉េ ។
   크놈 쩡 펑야으 로버 니 떠으 꼬레.

2. 한국에 도착하는데 몇 일이 걸리나요?
   ទៅដល់កូរ៉េ ចំណាយពេលប៉ុន្មាន?
   떠으 덜 꼬레 쩜나이 뻴 쁜만?

3. 소포안에는 무엇이 들어있습니까?
   ក្នុងកញ្ចប់ មានអ្វីខ្លះ?
   크농 껀쩝 미은 어와이 클라?

4. 비용이 얼마나 드나요?
   អស់ថ្លៃប៉ុន្មាន?
   어 틀라이 쁜만?

196 여행회화 가이드(캄보디아편)

은행

1. 은행을 찾고 있습니다.
   កំពុងរកធនាគារ។
   껌뽕 록 토니끼어.

2. 이 곳에서 가까운 은행이 어디에 있나요?
   តើនៅជិតនេះមានធនាគារទេ?
   따으 너으 쯧 니 미은 토니끼어 떼?

3. 은행은 몇 시에 문을 여나요?
   ធនាគារ បើកម៉ោងប៉ុន្មាន?
   토니끼어 바욱 마옹 쁜만?

4. 환전을 하려고 하는데, 어디서 해야 하나요?
   ចង់ប្តូរលុយ ទៅកន្លែងណា?
   쩡 쁘도우 루이 떠으 껀라엥 나?

XI. 편의시설(우편과 통신 등) 197

5. 현금지급기가 어디에 있나요?
   តើបង់លុយ នៅឯណា?
   따으 벙 루이 너으 아에 나?

6. 현금지급기의 사용방법을 알려주세요.
   សូមប្រាប់ពី របៀបប្រើ នៃការបង់លុយ ។
   쏨 브랍 삐 로비읍쁘라으 나이 까 벙 루이.

7. 한국으로부터 송금을 받을 수 있나요.
   ទទួលប្រាក់ទេវុងទាត់ ពីកូរ៉េ បានទេ ។
   또뚜얼 쁘락 띠앙 또앗 삐 꼬레 반떼.

8. 이 은행은 몇 시까지 영업을 하나요?
   ធនាគារនេះ បើកដល់ម៉ោងប៉ុន្មាន?
   토니끼어 니 바윽 덜 마옹 뽄만?

# PART XII

## 위급상황

01 위급상황
02 길을 잃었을 때
03 분실과 도난
04 교통사고
05 병이 났을 때

## 신체 용어

| ភាសា ខ្មែរ<br>크메르어 | បញ្ចេញសម្លេង<br>ជាភាសាខ្មែរ<br>크메르어 발음 | ភាសា កូរ៉េ<br>한국어 | បញ្ចេញសម្លេង<br>ជាភាសាកូរ៉េ<br>한국어 발음 |
|---|---|---|---|
| ក្បាល | 끄발 | 머리 | ម៉-រី |
| សក់ | 썩 | 머리카락 | ម៉-រី-ខា-រ៉ាក |
| ភ្នែក | 프넥 | 눈 | នុន |
| ត្រចៀក | 뜨러찌윽 | 귀 | គ្វី |
| មាត់ | 모앗 | 입 | អ៊ិម |
| បបូរមាត់ | 버보어 모앗 | 입술 | អ៊ិម-សុល |
| ច្រមុះ | 쯔어모 | 코 | គូ |
| ធ្មេញ | 트멘 | 이 | អ៊ី |
| អណ្ដាត | 언닷 | 혀 | ហ្យ៉ |
| ក | 꺼 | 목 | មុក |
| ស្មា | 스마 | 어깨 | អ៊ី- កែ |

| | | | |
|---|---|---|---|
| ទ្រូង | 끄룽 | 가슴 | ខា-សឹម |
| ដៃ (ចាប់ពីកដៃ) | 다이 (쪼압 삐 꺼다이) | 손 | ស្នូន |
| ដៃ (ចាប់ពីស្មាដៃ) | 다이 (쪼압 삐 스마다이) | 팔 | ជាល |
| ម្រាមដៃ | 므리엄 다이 | 손가락 | ស្នូន-កា-រ៉ាក់ |
| កដៃ | 꺼다이 | 손목 | ស្នូន-មូក |
| ជើង | 쯩 | 다리 | ថា-រី |
| បាតជើង | 밧 쯩 | 발바닥 | ប៉ាល-បាដាក់ |
| ម្រាមជើង | 므리음 쯩 | 발가락 | ប៉ាល-កា-រ៉ាក់ |
| កជើង | 꺼 쯩 | 발목 | ប៉ាល-មូក |
| ឆ្អឹង | 츠엉 | 뼈 | ប-យៀ |
| ឆ្អឹងខ្នង | 츠엉 크넝 | 등뼈 | ដឹង-ប-យៀ |
| ខ្នង | 크넝 | 등 | ដឹង |
| ចង្កេះ | 쩡께 | 허리 | ហី-រី |

| ឈាម | 치음 | 피 | ភី |
| --- | --- | --- | --- |
| ពោះ | 뿌어 | 배 | ភេ |
| ពោះវៀន | 뿌어위은 | 위 | វី |
| ពោះវៀនធំ | 부어위은톰 | 대장 | ដេ-ចាំង |
| ស្អូត | 쑤엇 | 폐 | ពែរ |
| បេះដូង | 베동 | 심장 | ស៊ីម-ចាំង |
| ថ្លើម | 틀리음 | 간 | ខាន់ |
| បំពង់ខ្យល់ | 뽐뽕크쩔 | 기관지 | គី-ខាន-ជី |

# 01 위급상황

1. 저 좀 도와주세요.
   សូមជួយខ្ញុំ។
   쏨 쭈어이 크놈.

2. 한국인입니다. 한국대사관으로 연락 좀 해주세요.
   ខ្ញុំ ជាជនជាតិកូរ៉េ។ សូមទូរស័ព្ទទៅស្ថានទូតកូរ៉េ។
   크놈 찌어 쭌찌웃 꼬레. 쏨 뚜러쌉 떠으 스탄뚝 꼬레.

3. 영어를 잘 하지 못합니다.
   ខ្ញុំ អត់ចេះ ភាសាអង់គ្លេស។
   크놈 엇 째 피어싸 앙글레.

4. 말씀을 천천히 해주세요.
   សូមនិយាយយឺតៗ។
   쏨 닉이에이 여읏 여읏.

5. 다시 한 번 말씀해 주세요.
   សូមនិយាយម្តងទៀត ។
   쏨 늑이에이 머덩 띠읏.

6. 한국어를 하시는 분 없나요?
   ចេះ ភាសា កូរ៉េ នរណា?
   째 피어싸 꼬레 노나?

7. 한국어 통역 부탁합니다.
   សូមជួយបកប្រែកូរ៉េ ។
   쏨 쭈어이 복쁘라에 꼬레.

## 02 길을 잃었을 때

1. 길을 잃었어요. 저 좀 도와주세요.

    ខ្ញុំ វង្វេងផ្លូវ។ សូមជួយខ្ញុំ។
    크뇸 웡 웨인 플러으. 쏨 쭈어이 크뇸.

2. 가까운 경찰서로 안내해 주세요.

    សូមជួយនាំខ្ញុំទៅប៉ុស្តប៉ូលីស នៅក្បែរនេះផង។
    쏨 쭈어이 노엄 크뇸 떠으 뽀뽈리 너으 끄바에니 펑

3. 핸드폰 좀 빌릴 수 있을까요?

    ខ្ញុំអាច ខ្ចី ទូរស័ព្ទបានទេ?
    크뇸 앗 크짜이 뚜러쌉 반 떼?

4. 여기가 어디죠?

    ទីនេះ កន្លែងណា?
    띠 니 껀라엥 나?

5. 앙코르 왓에 가려고 합니다. 어떻게 가야 하나요?

    ខ្ញុំ ចង់ទៅអង្គរវត្ត។ ទៅយ៉ាងម៉េច?
    크뇸 쩡 떠으 앙꼬왓. 떠으 양멧?

# 03 분실과 도난

1. 지갑과 여권을 잃어버렸어요.
   ខ្ញុំ បានបាត់ ការប្បូបនារី និង លិខិតឆ្លងដែន ។
   크놈 반 밧 까봅니어리 능 리깟츨렁다엔.

2. 소매치기를 당했어요.
   ខ្ញុំបានជួបចោរអក់ហោប៉ៅ ។
   크놈 반 쭈업 짜오 쩍하오 빠으.

3. 경찰을 불러주세요.
   សូមហៅ ប៉ូលីស ។
   쏨 하으 뽈리.

4. 신용카드를 정지시켜 주세요.
   សូមជួយ បិទក្រេឌិតកាត បណ្ដោះអាសន្នសិន ។
   쏨 쭈어이 벗 끄레딧깟 번떠아썬 썬.

5. 어디에 신고를 해야 하나요.

   ត្រូវរាយការណ៍នៅឯណា?

   뜨러으 리어아까 너으 아에 나?

6. 가까운 경찰서를 알려주세요.

   សូមប្រាប់ផង ប៉ុស្តិ៍ប៉ូលីសនៅឯណា?

   쏨 쁘랍 펑 뽀뽈리 너으 아에나?

7. 가방을 분실/도난 당했어요.

   ខ្ញុំបានបាត់កាបូបហើយ / ត្រូវចោរប្លន់ ។

   크뇸 반 밧 까볍 하으이. / 뜨러으 짜오 쁘런.

8. 그게 아니에요.

   ខុសហើយ ។

   콕 하으이

9. 버스/툭툭/택시에 가방을 두고 내렸어요.

   ភ្លេចយកកាបូបនៅ ឡានក្រុង / ធុកធុក / តាក់ស៊ី ហើយ

   플렛 욕 까볍 너으 란끄롱/툭툭/딱씨 하으이.

10. 한국대사관으로 가주세요/한국대사관이 어디에 있나요?

    សូមទៅ ស្ថានទូតកូរ៉េ ។ / តើស្ថានទូតកូរ៉េនៅឯណា?

    쏨 떠으 스탄뚝 꼬레/ 따으 스탄뚝 꼬레 너으 아에 나?

## 11. 도와줘요!
### សូមជួយខ្ញុំ។
쏨 쭈어이 크놈.

## 12. 소매치기다!
### ជជុះហោប៉ៅ។
쪼쭈 하오 빠으.

## 13. 백을 도둑 맞았어요!
### ខ្ញុំបាត់កាបូបហើយ!
크놈 밧 까봅 하으이

## 14. 한국 대사관에 전화를 걸어주세요.
### សូមទូរស័ព្ទទៅស្ថានទូតកូរ៉េ។
쏨 뚜러쌉 떠으 스탄뚝 꼬레.

 **교통사고**

1. 한국대사관이 어디에 있나요?
   តើស្ថានទូតកូរ៉េនៅឯណា?
   따으 스탄뚝 꼬레 너으 아에 나?

2. 사고를 냈습니다.
   ខ្ញុំមានគ្រោះថ្នាក់ចរាចរណ៍ ។
   크놈 미은 끄루트나 쩌라쩌.

3. 렌터카 회사로 연락해 주세요.
   សូមទូរស័ព្ទទៅក្រុមហ៊ុនឡានជួល ។
   쏨 뚜러쌉 떠으 끄롬훈 란쭈얼.

4. 보험에 가입되었습니다.
   ខ្ញុំមាន ធានារ៉ាប់រងហើយ ។
   크놈 미은 토니어랍롱 하으이.

XII. 위급상황 209

5. 저는 잘못이 없습니다. 상대방이 신호를 무시했어요.

   មិនមែនកំហុសខ្ញុំទេ ។ អ្នកខាងនោះមិនគោរពភ្លើងសញ្ញា ។
   믄멘 꼼허 크늄 떼. 네악 캉 누 믄 꼬롭 플릉 싼냐.

6. 속도위반을 했습니다.

   ខ្ញុំបើកបរលឿនហួសល្បឿនហើយ ។
   크늄 바욱 버 른 후어 러븐 하으이.

7. 사고증명서를 써주세요.

   សូមសរសេរលើបណ្ណព្រោះថ្នាក់ចរាចរណ៍ ។
   쏨 써쎄 르 반 끄루트나 쩌라쩌.

8. 저는 신호를 지켰습니다.

   ខ្ញុំគោរពភ្លើងសញ្ញា ។
   크늄 꼬롭 프릉 싼냐.

9. 저는 제한속도로 운전을 했습니다.

   ខ្ញុំបានបើកតាមល្បឿនកំណត់ ។
   크늄 반 바욱 땀 러븐 껌넛.

10. 표지판을 보지 못했어요.

    ខ្ញុំមិនបានមើល ផ្លាកសញ្ញាទេ ។
    크늄 믄반 멀 프락 싼냐 떼.

#  병이 났을 때

1. 병원/약국이 어디에 있나요.
   **តើ មន្ទីរពេទ្យ/ ឱសថស្ថាននៅឯណា?**
   따으 문띠뻿/아오써쓰탄 너으 아에 나?

2. 구급차를 불러주세요.
   **សូមហៅ ឡានពេទ្យ ។**
   쏨 하으 란뻿.

3. 감기약/소화제가 있나요?
   **តើមាន ថ្នាំ ផ្តាសាយ/ នៃការរំលាយអាហារ ទេ?**
   따으 미은 트남 쁘다싸이 / 네이 까아 룸니에이 아하 떼?

4. 처방전/진단서를 주세요.
   **សូមអោយវិជ្ជបញ្ជា / ក្រដាសពិនិត្យសុខភាព ។**
   쏨 아오이 윗쩨아 번찌어 / 끄러다 삐넛 쏘코피읍.

5. 이 처방전대로 약을 지어 주세요.
   **សូមអោយបើកថ្នាំតាម វិជ្ជបញ្ជា ។**
   쏨 아오이 바욱 트남 윗쩨아 번찌어.

6. 의사를 불러 주세요.

សូមហៅ គ្រូពេទ្យ ។

쏨 하으 끄루뻿.

7. 병원까지 저를 좀 데려다 주세요.

សូមជួយជូនខ្ញុំទៅមន្ទីរពេទ្យផង ។

쏨 쭈어이 쭈운 크늄 떠으 문띠뻿뻰 펑

8. 어디가 아픕니까?

ឈឺអីបានទៅ?

츠으 아이 반 떠으?

9. 감기에 걸렸어요.

ខ្ញុំមានជំងឺផ្តាសាយ ។

크늄 미은 쭘응으 쁘다싸이.

10. 열이 많이 납니다.

ក្តៅខ្លួនខ្លាំង ។

끄다으 클루언 클랑.

11. 기침하고 열이 나고 머리가 아파요.

ក្អក ហើយ ក្តៅខ្លួន និង ឈឺក្បាល ។

꺽 하으이 끄다으 클루언 능 츠으 끄발.

# PART XIII

## 귀국하기

01 예약 및 예약확인
02 예약 변경 및 취소
03 탑승과 출국

## TIP 귀국준비

- 짐정리 - 기내로 갖고 들어갈 것과 맡길 것을 구별하여 짐을 싸도록 한다.
- 예약 및 예약 재확인 - 귀국날짜에 맞추어 항공좌석을 미리 예약해 두어야 하며, 예약을 해 두었다면 출발 예정시간 72시간 전에 재확인을 해야 한다.
- 비행기 체크인 : 여권. 항공권
- 출국게이트 : 여권, 탑승권, 출입국 신고서
- 보안검색
- 세관검사 : 귀중품 신고
- 출국심사 : 여권, 출국신고서, 탑승권
- 비행기탑승 : 탑승권

## TIP 인천국제공항 입국안내

- 비행기에서 나누어 준 검역질문서, 여행자휴대품신고서, 입국신고서 작성
- 입국심사 - 여권, 입국신고서 제출
- 수하물 찾기
- 세관검사 - 여행자휴대품신고서 제출
- 입국장 ⇒ 입국

#  예약 및 예약확인

1. 예약을 확인하고 싶습니다.
   ខ្ញុំចង់បញ្ជាក់ការកក់ ។
   크놈 쩡 번쩨악 까 껵.

2. 9월 1일 서울행 554편입니다. 확인해 주세요.
   ជើងយន្តហោះសេអ៊ូល លេខ ៥៥៤ ថ្ងៃទី ១ ខែ ៩។
   សូមជួយបញ្ជាក់ ។
   쯩 윤허 쎄울 레잇 쁘람쁘람부운 틍아이 띠 모이 카에 쁘람부운. 쏨 쭈어이 번쩨악.

3. 부산행 항공권을 예약할 수 있을까요?
   អាចកក់សំបុត្រ ជើងយន្តហោះ ប៊ូសាន់បានទេ?
   아잇 껵 썸봇 쯩윤허 부산 반떼?

4. 오픈 티켓을 가지고 있습니다.
   មានសំបុត្រចំហរ ។
   미은 썸봇 쩜허

XIII. 귀국하기 215

## 5. 9월 1일 인천행 항공티켓이 있습니까?
**មានសំបុត្រ ជើងយន្តហោះអុិនឆន់ ថ្ងៃទី ១ ខែ៩ ទេ?**
미은 썸봇 쯩윤허 인천 틍아이 띠 모이 카에 쁘람부운 떼?

## 6. 예약 재확인 하고 싶은데요.
**ខ្ញុំចង់បញ្ជាក់ការកក់ម្តងទៀត។**
크놈 쩡 번쩨악 까 꺽 머덩 띠읏.

## 7. 다른 항공편은 없습니까?
**មានជើងយន្តហោះផ្សេងទេ?**
미안 쯩윤허 프쎙 떼?

## 8. 내일 서울행 항공편이 있습니까?
**ថ្ងៃស្អែកមានជើងយន្តហោះ សេិអូលទេ?**
틍아이싸엑 미은 쯩윤허 쎄울 떼?

## 9. 여보세요. 대한항공입니까?
**អាឡូ. អាកាសចរកូរេរី?**
알로, 아까쓰쩌 꼬레 르?

## 02 예약 변경 및 취소

1. 예약을 취소하려고 합니다.
   ខ្ញុំចង់លុបចោលការកក់។
   크놈 쩡 룹짜올 까꺽.

2. 예약을 변경하고 싶어요.
   ខ្ញុំចង់ប្តូរការកក់។
   크놈 쩡 쁘도루 까꺽.

3. 날짜를 변경하고 싶습니다.
   ខ្ញុំចង់ប្តូរថ្ងៃ។
   크놈 쩡 쁘도우 틍아이.

4. 항공편을 변경할 수 있을까요.
   អាចប្តូរជើងយន្តហោះបានទេ?
   따으 아잇 쁘도우 쯩윤허 반 떼?

5. 저는 아침에 출발하고 싶습니다.
   ខ្ញុំចង់ចេញដំណើរពេលព្រឹក។
   크놈 쩡 쩬 덤나으 뻴쁘륵.

## 03 탑승과 출국

1. 탑승수속은 어디에서 하나요?
   **ជណ្តើរឡើងជិះយន្តហោះនៅឯណា?**
   프떠우 라응 찍 윤허 떠으 앙 나?

2. 탑승개시는 몇 시부터 하나요?
   **ចាប់ផ្ដើមឡើងជិះម៉ោងប៉ុន្មាន?**
   짭프다음 라응 찍 마옹 쁜만?

3. 게이트 번호를 알려주세요.
   **ទ្វារចូល លេខប៉ុន្មាន?**
   트워어 쫄 레잇 쁜만?

4. 8번 게이트가 어디입니까?
   **ទ្វារចូលលេខ ៨ នៅឯណា?**
   트워어 쫄 레잇 쁘람바이 너으 아에 나?

5. 부칠 짐이 있습니다.
   មានឥវ៉ាន់ផ្ញើរ ។
   미은 에이완 핑야으.

6. 탑승구가 어디 있나요?
   ផ្លូវឡើងជិះនៅឯណា?
   플러으 라응 찍 너으 아에 나?

7. 친구와 같은 좌석으로 해주세요.
   សូមជួយរៀបកន្លែងអង្គុយ ជាមួយមិត្តភ័ក្រ ។
   쏨 쭈어이 리읍 껀라엥 엉꾸이 찌어모이 멋페악.

8. 통로석으로 자리를 주세요.
   សូមអោយកៅអី នៃកន្លែងអង្គុយផ្លូវដើរ ។
   쏨 아오이 까으아이 나이 껀라엥 엉꾸이 플러으 다으.

9. 아시아나항공 카운터가 어디에 있나요?
   ខោនធឺ អាកាសចរណ៍ អាស៊ីអាឆា នៅឯណា?
   카운터 아까쓰쩌 아시아나 너으 아에 나?

## 여행지도

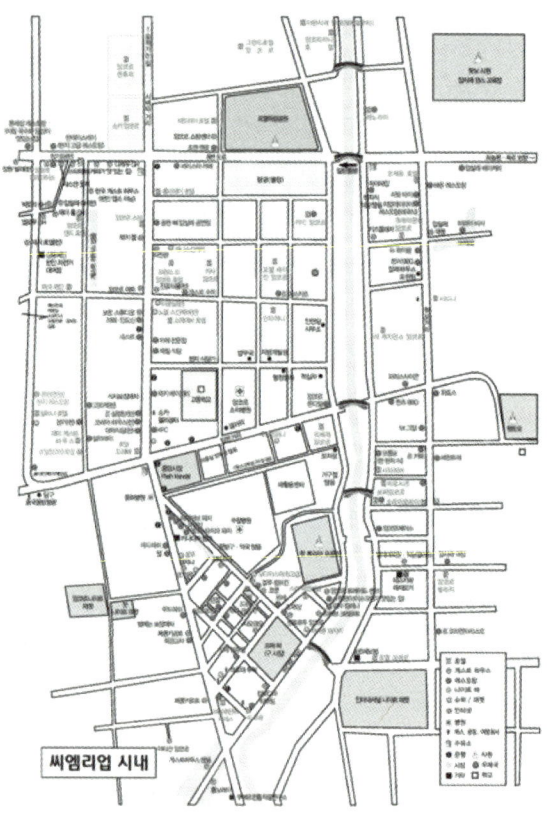

## 캄보디아 베스트 가이드 연락처

| 지역<br>(역할) | 성명 | 전화번호 | 이멜주소 |
|---|---|---|---|
| 프놈펜<br>(한국어) | 랑<br>제뜨라 | 855-12789010 | suchetra-crazy<br>@yahoo.com |
| 씨엠립<br>(한국어,<br>일본어) | 분완 | 12898193 | tanbunvan012<br>@yahoo.com |
| 씨엠립<br>(한국어,<br>영어) | 싸오<br>세레이<br>보타나 | 12778965 | vottanasr<br>@yahoo.com |
| 씨엠립<br>외곽<br>(한국어,<br>영어,<br>부동산) | 프록<br>렛 | 12436864 | plokreth<br>@yahoo.com |
| 씨엠립<br>(한국어,<br>영어) | 쏘카<br>(몽켕) | 12609525 | mongkheang<br>@gmail.net |
| 씨엠립<br>(한국어,<br>영어,<br>운전) | 까우<br>위레악 | 12508586 | vireakpheaktra<br>@yahoo.com |
| 씨엠립<br>(한국어) | 크링 짠<br>싼 | 12624426 | chansan210<br>@hotmail.com |

XIII. 귀국하기

| | | | |
|---|---|---|---|
| 씨엠립<br>(영어) | 쓰읏<br>쓰레이<br>쑤어<br>(F) | 121824917 | sereisours_soeut<br>@yahoo.com |
| 한국<br>(광주<br>광역시<br>취업) | 라욘<br>(F) | 121842028 | layon<br>@yahoo.com |
| 씨엠립<br>(한국어,<br>일본어) | 이엠<br>쏘포안<br>(F) | 12698447 | yemsophoan<br>@yahoo.com |
| 프놈펜<br>(한국어,<br>영어,<br>일본어) | 쎄일라 | 12926784 | seilathikun<br>@naver.com |
| 씨엠립<br>(한국어,<br>영어) | 피롬 | 12200150 | phearomphearom<br>@yahoo.com |
| 씨엠립<br>(한국어,<br>영어,<br>운전) | 택<br>(스미언<br>끔) | 12576516 | teach_krakangkor<br>@yahoo.com |
| 씨엠립<br>(한국어) | 셋 완 | 12560183 | wanangkorcam<br>bodia@yahoo.com |
| 씨엠립<br>(한국어,<br>영어) | 멩조 | 12565360 | mengchoangkor<br>@yahoo.com |

| | | | |
|---|---|---|---|
| 씨엠립<br>(한국어) | 똘라 | 12306266 | dultola@hotmail.com |
| 씨엠립<br>(한국어,<br>영어) | 와타 | 12880724 | ko.wutha@facebook.com |
| 씨엠립<br>(한국어,<br>영어) | 라타 | 12576659 | tngeko@yahoo.com |
| 씨엠립<br>(한국어,<br>영어) | 요스른 | 976665138 | angkortransportation@gmail.com |
| 씨엠립<br>(영어,<br>운전) | 쌧김 | 12703917 | kim_set@yahoo.com |
| 씨엠립<br>(한국어) | 이김새 | 12627195 ;<br>12216907 | lee-kimsay@yahoo.com |

XIII. 귀국하기 223